岡山藩没落士族　Ⅱ

明治維新後期、城主を守るため各地に
配置された...　川漁師の正体とは何か

最後に子分をいたぶった池田一統、
流人となった家来の運命は如何に
川漁師　土手芳蔵の孫　沖　秀二

・本邦初公開　岡山藩没落士族　　没落士族子孫全地区縁者著

明治維新後期　城主を守るため城下より県下各地に配置された川漁師の正体とは何か　百四十年後明らかにされる脅威の真実

江戸二百八十年間にしたことの無い、重罪でない家来を最後に虐待した池田一統　違法・無法追放らしい悲劇の士族

明治2年士族制度　明治4年解放令　明治6年津山東部における解放令反対一揆の後　明治七年頃に藩史上類を見ない三十数家族二百人の士族を政治的背景により極秘の内に三大河川の河原に島流し同様にした　解放令の後に下層民とされた家来の運命は如何に聞き取りに「あそこは侍が俸禄(秩禄年代らしい)をもろうた後に・・・」　また磯田准教授もテレビで言う

本書は短編ではあるが、前人未踏の明治維新における大事件に関する調査書であり、すべて公開されるべきものである。　土手家

二〇二〇初版　二〇二一改題加筆版　二〇二三詳細最終版

目　次

箇条書き　順不同
各部全ぺージにおいて
語句意等が前述と異なる場合は　それぞれ後述のものがより正しい

第一部　岡山藩没落武士とは

先祖は明治維新期に、したらいけん時に博打をした事が原因で武士を追われ一家で移り住んだようだ、母方沖家は岡山城より3里ほど北あたりの川沿いに住み川漁をしており、明治6年生まれの子がいたがその親が追われた本人で始祖梅吉となりその人からの墓もある、当時子連れの家族で移りすんだようで村から離れた1軒家のような家だった、隣にもう1軒あったのは川邊家でこちらも川漁をしていた、川の西側に家があったが早いうちに川の東に田を4反程度取得し稲作もしており半農半漁ではあった、このあたりは旭川の下流で東西から山が迫っている、漁は鮎の刺し網が主だったという。旭川・吉井川等の中下流域の川沿いに明治維新末期より二十五箇所位そういう家があり、当初二十数軒から三十軒位だったと思われる、いずれも始祖は江戸末期の生まれで維新期に子連れの年代であり、はじめは1軒家の所もあったが場所によって2～4軒の所が多かった、またどこも始祖は1

軒ずつ別だった、母方は没落する前は士族であったという、母方沖家は私からみて祖父の代までずっと漁師であった。父方土手家は始祖の貞吉が享和年代ころ生まれ、息子の佐之吉が文政6年生まれで私の曽祖父美代蔵が安政2年の生まれで船頭だった、渡し船は乗ってもらう代わりに旧来の農民から米をもらっていたという、祖父は漁師で1900生まれであった、また祖父の兄は反物の行商をしていた、こちらは稲作はしていなかった。明治の初め維新末期に移り住んできた頃は吉井川と吉野川の合流点より数キロ東北の河原あたりに家が4軒あったという、その後数年を経ずして明治初めの内と思われるが2〜3キロ南などに移転した、始祖は4人で、追放後姓は同じ土手家となったが互いに身内ではなかった、後4始祖の内3家族が移り1軒はその辺に留まった　王子村の村外れに小家が4〜5軒あったというのはその後戦時中の頃と思われる。父方は、先祖は「いつから住みょうるかわからん、この辺に来る前はどこで何をしょったかわからん」といつも言っていた、。しかし、私が先祖のことを調びようると言うと、本家の主人は太平洋戦争時金属供出で火鉢等を出した時日本刀が２本あったということを最近聞いたようなことになった。その時金属供出の礼状には陸軍大佐〇〇〇だったか警察だったかとの記名があったという。始祖貞吉や佐之吉が江戸時代腰に差していたものと思われる。母方も同じ沖姓が２件あったが旭川の東西に１軒ずつ住みこちら川の西では川漁をし東側は渡し船をしていた、同じ姓であっても互いに身内ではなかった、ただそこら３軒の墓は同じ所にあった、川の東の沖家の墓にはビルマで戦死した方もおられた。数軒の墓や戸籍を調べることや聞き取りにより、幕末生まれの者が始祖となっている。父方は当初４軒家があり同姓の土手家であったが４軒の親子の年代は似たりよったりの傾向はあった、私の母親が昭和5年生まれで、この母親の父親が明治34年生まれ祖父が　明治6年生まれで、曽祖父は生年月はわからないが曾祖母の生年月は弘化2年とある、この人は明治元年に23歳、明治8年に30歳である、いつ結婚したかは不明、また祖父及び曽祖父の記名のある戸籍1篇の前戸主欄は空欄である、別欄に梅吉はあるが、これが武士を追われ移転後の始祖梅吉と思われる。このように戸籍をとると江戸末期生まれで明治元年のころ30歳くらいとなり、父方の始祖と年代が似通ってくる傾向はある。ここで始祖というのは30歳～40歳位の事を起こした当の本人と思われる、父方家族の長老は明治元年に70歳を越えているようであった。私が子供の頃母方の家の庭には池があり錦鯉が泳いでいた、その餌は鮎刺し網漁の外道と思われる大きめの魚キンモツの水炊きであった、庭に米をつく機械もあったという、玄関を入ってすぐ南には6畳か8畳位の午屋がありきれいな切り藁がしいてあり牛がすわっていた、離れもあった。田は川の東にあったので牛も船に乗って田をひきにいったようだった、鮎漁だけで生活費は大方まかなえたらしく多く捕れたか高く売れたかしたのだろう、漁農閑期には土方（時代が進んだ頃）にもでていたという、不自由な生活ではなかったようである。今は家を建て替えたが今も1～2件家があるくらいである、農山村に住んでおっても農民とのかかわりは全くなかったと思われる、農民は先祖達を単なる殺生人と見ていたのかもしれない。元武士であったことは殿様か家老にでも口外せぬよう言い渡されていたようであり、起源は多くの人は知らなかったようである。母が言うには

「侍で何も無いもんはそのままいったけど、博打うちやこう・・・したらいけん時にしょった」せえでやることが無いけん漁師をしょったとのことである。母方の旧来の親戚周り縁者は旭川沿いで見ると、岡山市街には無く岡山に近いあたりの　御津から、建部

旭川湖あたり、落合、久世まである。吉井川沿いでは津山、英田町、吉井町、佐伯町、和気あたりまである、20箇所位はあるが、いずれの地も始祖は同じではなく姓も違う、当初はどこも川漁をしていたと思われるが、その後宇甘川沿いで炭焼きをしていた者もいた、これは昭和の終わり頃だったか町民誌に兄弟で紹介されていたという、国有林か県有林の木を切ったのであろう。文献か何かだったが、没落武士は炭焼きをしていると記述があった、これが親戚回りのことを指しているのか、またどの地域を指してているのかは不明だった。これは御津鹿瀬地区の本流沿いに住んでいた山元家が大正5年に数キロ西の宇甘川沿いなどに移転したものである。全国髄一ともいわれる川船大工をしていた建部の無形文化財山元家の者も近縁になる、岡山三大河川で不定住で船を作ってきたとのことで、使う方の幾分かは知り合いまわりの漁師だったと思われる。川漁は明治の10年頃から100年～150年間近くは続いた、高梁川沿いの縁者は高梁市街のみである、以前は10件くらい漁をしていたが今は3件だけになったと聞いたのは2005年のころだった、私が県西部に勤務ていたおり高梁より夫婦でハエの投網漁に来ていた
　戦後の経済成長が起こるまでは旧来の農民は農業中心で生活せざるをえなかった、他の者も生業を変えることはたやすいことではなかったと考える。私は父方も母方も祖父は昭和年代の終わりに近いあたりまで漁をしていた。母の姉の主人（金川）も漁師であったが平成年代までは漁をしていた。祖父は吉野川漁協の副組合長であったが、若い頃は高瀬舟に乗っていたこともあり兵器の工場を作るための木材を吉井川中流域吉が原地区より西大寺あたりまで運んでいたという、船頭は人に嫌われうどん屋では船頭の使った碗は二度と使えんともいわれたという、高瀬船は江戸時代から運用され、吉井川中流域の飯岡には30~40人の船頭がいたようである。また祖父は和気あたりで漁をし、河原でハエを焼

きこちらの家に戻ってくるまでの２０ｋｍくらいの間に商店に焼いたハエを卸してきたとも聞いた、吉野川最後の本格的職漁者といえる。また祖父は歩兵第四〇連隊（鳥取）に上等兵でおり大正十年の賞状も出てきた。祖父母はいとこ同士の結婚で、昔はそういうことはわりあい多かったと聞いたが周りが特に多いようには感じなかった。実父はラバウルに出征した、学歴が無いので軍曹止まりだったのだろう、昭和１７年の豪軍との戦闘に遭遇したと思われる、その後 島の一定区間を一週間で回るという巡回用務に就いていたようだ、青いバナナを土中に埋めておけば1回りでちょうど熟れていたという、飲み水が無いので尿も飲んでいたとも聞いた、豪軍との戦闘と思われる時、腿に被弾し摘出した痕があった。その後終戦の少し前だろう米軍はラバウルを迂回するように西進したらしくラバウルは玉砕していない、終戦時島には6万9千人の日本兵が残っていたという、父は生還した、出征する時は多くの人が片上鉄道の飯岡駅で送ってくれたという。

文献で調べると岡山あたりの小隊がラバウルに出向いたというのはあった、父が30歳母が25歳の頃結婚した、門地は同じであったが血のつながりは薄かったらしい、父は結婚前に数年大阪へ出ていたが、こちらに戻り駅員をしていた、定年退職してから地元30軒位の農民村の区長もしていた。祖父は78歳だったかガンで亡くなる少し前まで漁師をしていたが区長もしていた、町史を見ると昭和30年代か40年代にダム建設反対運動があり村としても反対をしていたようで町史に名も記載されている、またその頃までは木でできた橋で洪水があると時々流れて作り直した、その後区長時代にコンクリの橋になったのは覚えている。父の弟は高校の部活の時コ－トをかってに横切ったとかで誰か生徒を殴り退学になり、親が役場に使こうてくれと頼み就職をし、その後岡山市内の分限者の娘と結婚した。父の姉は岡山市街地の人と結婚し子供もいたが離婚し、後に東京生まれの渡辺という者と再婚した、その人はミゼット三輪で宅配のようなことをしておりその後大阪に住んでいた、その弟だったか終戦2週間後に名古屋空港を部下を引き連れゼロ戦4機で飛び立ったという、米軍はB29を30機急発進させゼロ戦は打ち落とされたという、本人はパラシュートで降下、降下したのはこれが2度目と聞いたが部下は墜死した者もいたという、この勇んだ話を姉の主人から聞かせてもらったこともあった。父の妹は数キロ南の塩田に住む村家家の人と恋愛結婚し大阪に住んでいた、この妹の主人のお姉さんの嫁ぎ先は北東に十数キロ離れた作東町江見の細尾家や新免家でこの農民らの起源は戦国時代が終わった頃らしいが江戸時代宮本武蔵の子分だったという、下級武士の中には身分が低い者もいたとする文献等もあるが宮本武蔵は下級武士とは思えない気はする、父の姉妹ともに主人は同じ門地ではなかった。川漁について、こちら土手家の漁は通常寄せと呼ばれる餌寄せ投げ網で網が広がる畳3条位の広さの場所を作り、麦の皮らしい粉かすを餌に撒いてシロハエを寄せ網で打つというものである、数百ｍの区間に7〜8箇所程度餌場を作り餌を少し撒いて魚が集まる1〜2時間くらい時間をおいて、下流から上流に順に網を打っていくというものである、いわゆる振って投げる投げ網ではなくひじに掛けた網を打ち下ろす高度の技術経験を要する打ち網である。まれに真鯉がかかり網をやぶられた、壱度網を打つとキロ単位で魚はとれるので日に数キロｇから10キロｇは捕れていた、一通り打ち終わるとハエの腹わたを河原で手で絞って出した、午前中に漁は終え昼過ぎには竹串に数匹づつ刺して炭火で薄めに焼き温泉旅館におろした。得意先の旅館は数件あり時々持ってきてくれという電話がかかってきていた、旅館まで10ｋｍはあるが自転車で持ち込んだ　夏間は鮎も多くはないが捕っていた、これは夕方から川に出て刺し網を張り、川上あたりで船を操る竹で水面をたたき魚を追った、時には肥松（多油分の松根）を燃やし振って上流からあゆを追い下に張った刺し網にかける漁法もとった。鮎の水面に飛ぶ様子を見て元気そうなものを海から上った地鮎と呼んだ。冬間はハエが深みに入り寄せ漁ができないので支流に入り多少群れになっているものを多くは捕れないものの、打ち網で打って捕った。また冬間のハエ刺し網は夕方仕掛け、次の日の早朝あげた、白ハエ以外もかかったが混ぜて売り物にはした。１９７５年頃の高卒の初任給が５万円くらいだったがそのくらいの収入は漁でもあった。投げ糸（延縄・つけバリ）は秋の一時していたが餌のハエは小さめのものを３切れから４切れにしてハリにかけた、夕方仕掛けて次の朝暗いうちに揚げた、うなぎやすっぽんが狙いものだったが多く捕れるものではなかった、ハエの頭はなにが食う、月夜は食うとか食わんとか言っていたがよくわからなかった。２０ｃｍ位の長さの竹の筒の中に金具がありハエを餌にしてイタチを捕るワナもあった、これは相当前に使ったものと思われる。次に母の姉洲崎家のことである、竹枝村吉田は金川の北で川の東であった、昭和9年9月室戸台風の洪水で家が流れたので、男兄弟4人いたもの（姉の親の代）がそれぞれ近隣の草生へ1人と他の3人は川の西を経て建部などに移り住んだ、そのときの洪水で実母方の家も天井辺りまで浸かり猫は天井をつかんどったと聞いた、実家の始祖、母親の始祖、母の姉の始祖等はいずれも別であるが明治元年のころ年齢にして25歳から70歳位だった、明治7年ころ城下を追われたとするとその時点で7歳前後年齢は加えられる。私は1954年生まれの現在66歳であるが6代となる、県内二十五箇所はあるだろう縁者から近い身内4軒の戸籍をとり調べ、墓は五　〜六軒分調べたが戸籍・墓ともに始祖は江戸末期生まれである、戸籍がそれ以前に遡れない傾向はあるが、墓石名と戸籍は一致している。県下の家をみても1箇所1〜2件から5〜6件の所が多く、その家系が浅いことを示している。母方の沖家はずっと1軒であり墓石は単純で明治になってからのものである旭川中上流域あたりは当初川漁をしていたと思われるが漁に早目に見切りをつけ農業に転向した者が多いと思われる、大正年代の頃から農業中心に移行した者もあるようだ。１８６０年及びそれより少し前の江戸末期の除帳（除籍簿）を見たが追放とあるのは２年程度の間に一例を見るくらいで非常に少ない、武士の刑罰はほとんど記録に残っていないという。私達の事実も多くの人は知らなかった。没落武士と一般に呼ばれるものは明治維新期の騒動が元になるもので、どのような没落の形であっても磯田准教授が言われるように私達もその中に入るのである。明治２年に士族制度が創設され明治４年に廃藩置県があり解放令が発布されている、私達の先祖は明治維新の政治問題に起因すると考えられ、旧来の農民等には関係があったであろうが明治維新以降も知らない人は多いようである。岡山鴨方支藩重臣子孫の磯田准教授は先祖が藩の要職ということで、この事に関し当事者にあたるので概略知っておられるのだと思われる　博打等による士族没落は全国であったことではないかもしれない、ただ全国的に明治政府が旧藩に隠密の内に推奨していた可能性はある。一般に没落武士といわれるものは明治維新に関係した者が多い

聞き取り　２０２０年７月電話にて落合神田家男性５６歳母方の近縁となる、５～６代目だという、明治の初めから住んでいる・・・そのくらいになると言われた、今は本家はなく分家だけになった、昔から田畑はしている、私は１９５４年生まれの６６歳代６代となりこの神田家と同様の代暦となる。

同７月８日佐伯町塩田土手恭一の次男８０歳に話を聞いた、父は漁もしていたという、この次男の曽祖父くらいが勝間田あたりの山下姓の侍だったかで、飲む打つ買うで追い出されたという、むこうの家系の者は村長もしておったという。また父は船運で茶などを運び儲けたと言う、ここは吉井川と吉野川の合流点より２～３ｋｍ南で

高瀬船を運行しており、そこの村の中に明治年代に英田福本から移り家を建てたようだ。明治初め英田町へ住んどった時のそのあたりにあった墓がいつぞやの大水で流れたという、この恭一の次男の妻は佐伯小原の大口家出身である、ここの土手姓は同じ漢字でも上側の土の右上に点がある、英田町の川沿いにおった時4系統（貞吉系恭一の始祖系勇助系豊の始祖系）があったが三軒が2〜3ｋｍ南などに移った後、恭一はさらに数ｋｍ南下している

同7月9日佐伯町小原の大口（本家）主人60歳くらいに聞く、侍で郡奉行の大口助七朗という者が家系の元のようなことを言われ、繋がりがあるということだった。定住は明治時代になる前のようなことを言われたが、郡奉行が関係しておれば藩在職の年代や秩禄処分の年代を考え明治以降の定住と思われた　五〜六代目であると言われた

（ここに1800年頃から住む寺尾家は大口家は明治から住んでいると言う）吉井町稲蒔に住む同

じ大口姓の以前町長だった者はこの辺の生まれだという。侍が落ちぶれたようなことは話しが合った。郡奉行の助七朗は文政6年から15年間岡山東部担当と思われる藩の要職だった、その前は郡目付けとなっている、郡目付け時代の同時期の武士に別人の大口姓の者もいる、大口姓の岡山藩士はある書籍等には1867年時点で6人もいる、郡奉行の縁者が没落したら秩禄処分の頃に年代があう、昔このあたりは100軒くらい家があり尼寺も1~2あったという、これは長さ100間長の間違いかもしれない、現在の電話帳で赤坂にこの大口姓が6軒、ここ佐伯に大口姓が6軒ある。赤坂の大口姓は金沢で足軽をしていたという、移り住んだのは江戸の初め前後らしい。この姓で1軒毎の住所の者が7~8軒あり電話調査をしたがこの内不在が2軒で他の5~6軒は郡奉行とは無縁であった、郡奉行などは維新後県外に出たのかもしれない。主人は県内の親戚回りでない大口家から起業を一緒にしないかと言われたこともあるという。士族没落し姓を引き継いでいる家は例を見ないが、大口家のように引き継ぐ場合もあったようである。

同7月12日津山西ハ出地区　通りすがりの同年代の女性に聞くと川瀬家が川漁をしていたと言う。これはそう古くないことを言っているのだと思われる。「私達は明治時代から住んでいるので身分が低いことは絶対にない」というと、気があったのか、「なにかあったらまた言うてください」とのことだった。後日だったがそのようなことを言うと逆に帰ってくれという家も2軒ありこれはいずれも教え子の家だった。

同年同日同所川瀬家旧福山家（西側の家）82歳女性勝間田小矢田川西家生まれでそこでは川沿いに家があり川漁もしていたという、ここ津山は参勤交代のころから住んでいると言われたが、次回の聞き取りの時の過去帳から明治から住んでいることが判明する

同年同日同所　川瀬家旧池上家（東の家）の主人は83歳で、分

家らしい4代目と言われる、西の家の始祖が福山姓で東の始祖が池上姓と違いはあるが明治初期に転入したものと思われる、明治年代に池上姓からから川瀬姓に変わっている。神戸に夫婦で40年暮らしていたという、先祖は船運の仕事にもかかわっていたといい昔箱に多くの刀が入れてあったことがあったという、金属供出のものかもしれない、ここでは夫婦共に侍が追放されたようなことは聞いたこともないという、妻は近くの鷲尾家生まれで私の母方と近縁となる、建部の義理の兄がそねえな話をしとったのは聞いたことがあるという。鷲尾家も元は旭川の方に居ったという。この人の母親は1970年頃だろう地域改善対象地区（略俗称）に参加することに反対したという。川瀬二軒の旧姓である福山姓・池上姓は武士時代の姓かもしれない、その後川漁である生業に関係する川瀬姓に変えた可能性はある、谷西・川瀬・天野家等は音大・短大生向けのアパートをしていた、泉荘やら旭荘やら天野アパート等をしていたようだ今は作陽音大は倉敷玉島に移転している。近縁の小島姓など南側の山の上辺りにある姓と同じ家がこちらにも少数軒あるが、家柄は違うということだった。ちなみにここらには私の遠縁になる家が多くある　　遠縁が少数あるのは以前から知っていた

同年7月16日赤坂地区大口家の調査をする、5～6軒あるが郡奉行について、1軒目の中年過ぎの女性はわかりませんという、2軒目の中年前の男性は先祖は金沢とつながりがあり、どこやらに大口の地名があり姓はそこからとったものだといい、足軽だったという。佐伯の方が郡奉行と繋がりがあると言われるならそのとおりじゃあないですかと言われた、この人は県内で同じ大口姓がこの二箇所に数軒ずつあるのは知っているようだった、3件目は老年の男性のようだったが違いますと大きい声で一言いわれた、ここでは身内6件の内3件は聞いた。

同　7月19日　生家あたり土手家勇助系主人65歳過ぎ第5代、脇

差しを差しとった勇助という者がうろついとって住み着いたという
いつ住み着いたのかはわからない、以前ホラ貝があったという、武
士の使うものでホラ貝の係があったようである、戦場で使う必要が
無くなったものと思われ、武士の時代が終わっていたことの表れと
いえる。墓は勇助大正１３年７５歳没とあり、嘉永2年頃の生まれ
である。私の祖母の姉妹が嫁ぎまた御津沖家系とも近縁らしい
同７月２０日　吉井町中心より北北西約３ｋｍ吉井草生河原家あ
たり、近所で畑作業をしていた旧来農民の８４歳男性に聞く、河
原家の転入時期は明治大正のころ・・・いや明治のころじゃ、川
のへりへ居ったけんこっちへ来いやいうて集落のほうへ寄せたと
いう、今の河原本家は昭和１０年ころ建てたという、起源が武士
というのは聞いたことがないということだった。隣家の分家4代
目主人数十歳に聞くと、足軽であ食うていけんけん移り住んでき
たという、こっちでは代々漁師だったといい、3代くらいはして

いたという。苗字を付ける時、出が鳥取の河原じゃけん河原姓にしたということだった。本家主人は自衛隊定年退職後趣味で網をつけるなど漁をしている。私の本家の近縁である。ある文献によると鳥取河原に川漁をしていた集団があったようだが、江戸時代になる前のことだろう同　7月21日　和気益原小田家80歳位の女性、この家は生家土手家の系統で元土手姓だった。この人は滋賀県出身で土手家に嫁いだという、焼きハエを手押し車にでも乗せて和気町内で売っていたらしい、地元の人は、この人の愛称を呼びながら心良く買ってくれたという。主人は中年で病死し、娘は数km東あたりに嫁いでいたが五十数歳で先立ち、墓はこちらに建てたという。こちらの漁法は私の祖父と同じだろう、ここは規模の大きい旧田原井堰があったところで、新堤を作る前に長竹のヤナが7個あった、その前は5個だったが流出して作り直した、かなり前に山陽新聞でも取り上げられていた。つけ針漁もしていたという同　7月21日　佐伯小原大口家分家女性65歳くらいで役場に勤めていたという、自分で先祖のことを調べようとしたが思うように時間がとれずできなかったという、「落ち武者・・・?」とは自分で言っていた。

同年同日　佐伯小原　寺尾家は一軒だけあるがその主人60歳～70歳、天神山城にかかわることをしていたと言うが年代が違いすぎるようである、過去帳は江戸末期（1800年過ぎ）からある。こちらの縁者大口家（高原家）が住み着いたのは明治になってからだという、ここらには私の近縁になる家が数件あるが、寺尾家など少数軒が身内ではない、高原家は2系統あるといい、大口家は漁もしていたという。二輪車で魚の行商を2～3軒はしていたというが戦後のことだろう、ここは海からそう遠くないので海辺の市場に入っていたのだろう、ばくろうも1軒あったという、　寺尾姓は明治になってつけたという、江戸時代の平民だと思われるが農地はない、城に関係した家系ならばもう少し古い過去帳になるような気はする、山城の戦国時代と江戸末期に２００年以上の時差があるが江戸年代のことは不明である、　ここらは畑はあるが稲作のできる場所ではない、江戸末期に転入したようだ。

２０２０　７月２３日　津山西ハ出地区　鷲尾本家の老年の女　性に過去のことを聞こうとしたが高齢のため不明であった、別の鷲尾家１軒の者は施設入所で不在という。川瀬家（西側）２度目である、女性８２歳勝間田東部川西家出身　過去帳は親戚の多くの家には無いが、ここにはあると言われるので見せてもらう、明治年代に福山家から川瀬家に姓が変わっている、福山家男性明治１６年１月２６日５７歳死去、福山家男性明治１６年８月７日年齢不明死去、福山家女性Kさん明治３５年７５歳死去、福山家女性銀さん明治３８年２６歳死去　この後川瀬姓にかわる、この人８２歳の主人が４代目（生きとれば９０歳くらい）で姓が変わっているが定住は維新期と考えられる、過去商店をしておられ高校生、短大生が寄ったようである、アパート経営は短大学生用だった。
同7月23日　谷西家主人男性70歳位　姓の起源は谷の西におったからで、先祖は広島の落ち武者と聞いとるという、　この主人の母又は嫁が私の生家と同じ土手姓だった、建部とつながりもある、別の家の土手姓の祈祷師はよくあたるという評判だったが、亡くなったという、この祈祷師がいることは以前から知っていたが吉備津の出身と偽っていたようだ、吉備津あたりは江戸時代から祈祷師がいるため客寄せのための偽りだったらしい。
同7月23日　教え子の母天野分家、娘は年子だったといい51年と52年生まれだという、大学を出て津山の人と結婚し広島におるという、ここらもだいたい川漁をしょった、土方もしていた、よう差別さりょったという。

同7・26　津山西ハ出地区　天野本家H男　明治の初めに笠岡から3兄弟で移り住んだという　明治時代からのことはわかるとも言われた、過去帳はない、ここは3兄弟3本家あるうちの1軒でこの主人は6代目64歳である、天野の苗字は何からきているかよくわからんが笠岡にその地名があったのではないかと言うことだった、江戸時代苗字もちではなかったという、過去養豚でもしていたらしい畜舎がある、学生むけのアパートもあるが今は大学移転で使っていないようだ、主人の母又は嫁が私の先祖と同じ土手姓だった。同　7月27日　和気北部田原井堰あたり、川の西小田家男性60歳くらい、先祖や本人らも時に簗漁などをしていた、私の祖母の妹の嫁ぎ先である、先祖のことは不明という。

同7月27日(21日の調査に続いて)　和気益原、川の東小田家（元土手家）ここ川の東には以前土手家と思われる3軒があったという、川の西には小田家が2軒あり明治当初からそこに住んでいたようだが、東の土手家は私の生家あたりから２０ｋｍほど南下したものである、年寄りでぼけととぼけで話しにならないので墓を調べに寺に行く、土手家小田家で墓が６〜７柱あるが土手家の古い墓は明治２６年のものからある、墓の台の形の大きいものなどが別置きで７〜８個ある、墓地を新造する時に広さの関係で台を小さいものに替えた可能性がある、土手姓の者が移転してきた後の建立のものと、始祖が住んでいたあたりから移設したものと両方であり、この明治２６年は移設であろう、戦死はルソン島というのもある、明治以降の墓石群になる。

同　７月２８日　電話にて落合汀家、ここ落合へ来る前は久世のの草加部へ住んどった、こっちへきてからは農業をしょった。草加部では何をしょったかわからんという。姓からして水際に住んでいたと思われ、漁もしていたと推測される、久世から落合への移転は大正年代で、昭和初めまでは草加部にも家があったようである。久世に

も汀家がある　鹿田の神田家も農業をしていたが開拓しやすい場所を選び移転したらしい。
同８月８日勝間田東部美作市　朝野家女性６０～７０歳くらい私は元川西姓で津山市街地の主人朝野姓をもらったという、３代目と言われたが分家の３代と思われる、以前川のそばに二軒家があったように津山で聞いていた、先祖については不明という。
同　８月９日　津山西ハ出　榎本本家Ｈ子さん８０歳くらい、津山市北部大篠目瀬家生まれ、先祖榎本家がここへ住む前はどこにおったかわからん、ここらもだいたい漁をしょった、この辺りとこの南辺りの村との家柄の違いは知っている、戸籍があるというので見せていただく、古いものから、前戸主音吉生年不明、戸主明治初め生まれ、戸主の妻文久２年生（１８６２年）で明治から住むと言う。
同　８月１０日　落合神田家分家　先日電話連絡した五十数歳男性母方の近縁になる、先祖のことは不明、おじいさんが漁はしょったと奥さんは言う、どの程度漁をしていたかは不明。同日同所神田り家別系６０～７０歳男性、投網があり孫と小魚を捕っているという、神田家はここに5～6軒あるがこの家は中程に位置する、この１軒は別系統と言われた、成羽の山の上に２件くらいあった家で、明治三十何年ころ嫁と娘がそこに残り夫と息子は追い出された、どこの地だったかは言うことはできない、そこでは元々苗字持ちでなかったので明治始めにつけていた、またこっちへ移り住んでから「なんのたれ兵衛」ということで苗字は新たに付け直すことにして近所と同じ神田姓にしたという。母の実家によく寄ったという　その東隣にある別の神田家にも寄ったが年寄り夫婦は先祖のことはわからぬと言う　　家の前に自分の田畑がある

同　１０月９日　建部にて墓石調査　明治牛年らしいものが最も古く明治９年か２１年と思われる、洲崎家の墓には久世発生の汀家名のものも少数ある、満州支那で戦死というのもある、江戸の墓はない

同　9月4日　津山市中にて　市役所を訪れた帰り、津山駅の北にある食堂でホルモンうどんを食べた、私が先祖などの話をする中でこちらがこのあたり西ハ出の地名を出すと、地元の主人は間髪なくあそこらは「サムライの・・・」と言ってきた、遠縁の谷西家は広島の落ち武者と聞いていることは伝えた、津山市民の中には駅の東あたりの山近辺に住んでいる者は皆同じと考えている人もいるが、山の上辺りと北側の川寄りとは違うと考えている人もいる、違うと言う人は北側は明治になってから人が住んでいることを知っているのである。津山の私の縁者の住むこの地域は江戸時代よりの下層民の住居の周辺部といえる場所に位置する、川の北あたり旧来の町民から見れば、明治の初めに住み着いて川漁をし始めたことなど知るよしも無かったであろう、津山と高梁の都市部といえるこの2箇所は旧来の下層民の住んでいた周辺部に縁者が維新末期住まわされたのではないかと思われる　川漁について県内をみても旧来の下層民と呼ばれる人達は集落全体で漁をすることはなく、それぞれ地区の少数の人は漁をしている実態があったようである。一方広島県北部は江戸時代から集落の生業となっていたようだ。

高梁川水系は不明な点が多い、遠縁になる者は高梁町内だけである。総社の湛井井堰あたりで最近までハエ漁や鮎漁をしていた佐野家（教え子の身内らしい）があるが起源は不明である、没落士族の可能性もあるが嫁とり等の縁はどことも無い、昨年か1昨年、ここで漁業中に亡くなった方がおられるが該当者であれば漁は途絶えているかもしれない。焼きハエは魚屋で以前から売られていた

聞き取り統計・集計

地域一覧

明治八年頃当初の各地の軒数を戸籍等により推測したものである。

①津山西ハ出　山の北側　川寄りの単独集落　十五軒〜二十軒

②勝間田小矢田1軒

③吉井草生（河原屋）1軒

④英田福本　4軒くらい

⑤吉井稲蒔　1軒

⑥佐伯小原　壱〜三軒

⑦田原上　1軒

⑧御津中牧下　1軒

⑨御津中牧　2軒

⑩御津⑨の川向かい国ヶ原1軒

⑪金川村鹿瀬　1軒

⑫竹枝村吉田　１～２軒
⑬建部町市街地あたり川の東西に３軒程度
⑭宇甘東箕ノ地高津１軒
⑮現旭川湖船津　１軒
⑯現旭川湖神瀬　⑮よりやや南１軒
○福渡品田　１軒
⑰久世草加部（勝山東部）１軒
⑱落合市街地１軒
⑲落合鹿田　２～３軒
⑳落合栗原　１軒
以上総計三十数軒以上　他に高梁町内に縁者がある。
（その後、新見唐松・備中布瀬・福渡品田・新見金谷らしい、も発覚）　約２０箇所の内、　未調査３箇所不明３箇所である武士の言い伝えがある地域数は約十箇所、武士の言い伝えを軒数で見ると全３７戸の内調査できた２７軒の内２０軒はある。母方近縁の数軒は同じ言い伝えであり、地理的に数キロ北あたりも同様に捉え約１０軒は同類と考えた、軒数で考えると全戸数の半数は出自・起源の言い伝えは無い、津山に軒数が多いのは解放令反対一揆と関係があるらしい。

言い伝えの内容　地域は上記番号に対応

①広島の落ち武者、笠岡よりの移転　以上２軒他不明または未調査

②不明　　　　　　　　　　　　③鳥取県河原よりの落ち武者

④日本刀が２本あった、脇差を差した者が住み着き以前ホラ貝があった、十ｋｍ北あたりに住んでいた侍が追い出された、以上３軒

⑤不明（後に侍）

⑥岡山藩郡奉行大口助七朗の何かの縁になる、落ち武者　以上２軒

⑦未調査　⑧〜⑯士族没落　⑰不明　⑱未調査　⑲不明　⑳未調査

一元同時発生説

御津町生まれ95歳の実母の姉に県南部の親戚回りと県中北部の落合町の辺も同じ家柄かと尋ねると「同じじゃろう」ということだった、戸籍のつながりやそれを元にした地図をみても津山の縁者も同じ家柄と考えられる、それなら私の生家である県東部も同じ家柄だろうということになる、相互の同類婚になる繋がりが明治中期より明確なものであることや当初の生業がどこも川漁であったと推測されること、公的に身分が低いことはありえないが年配者で昔身分が低かった（呼称を含み）と考えていた者が御津町・落合町・県東部など広くあること等により、起源が同一の集団とみて、縁者親戚周りはすべて同類と考えた、移転定住したのも墓石調査・聞き取り・政治情勢などにより明治七年頃の同時期と考えられる、表紙の地図を読むとほぼ均等に配置された感が強い、多くの言い伝えが事実と異なるのは武士も追放となれば過去のことは言っておられないのだろう、城主から岡山藩の武士であることを口外せぬよう強く言われた可能性もある、明治になる一〇年位前に県東南部で渋染め一揆が起こり藩への批判が表れ、明治の初め他県でも一揆が起こる、津山では明治になる直前の一八六六年に藩に対する農業要求に関した一揆で数名の死者を出している。次に解放令反対一揆である、明六一揆、血税一揆ともいうようだ、これは先の明治四年に発布された解放令に反対した県東北部の農民が、発令した幕府関連を標的とせず、旧来の下層民を襲い中国山地の裾のある村を襲い焼き討ち殺戮を繰り返し一八人の死者を出したものである今後の彼らの動きを警戒したためかもしれない、津山藩はその後これに関し襲った側の農民十五人を銃殺刑とし二万人を処分している。この一揆で解放令反対の状況を目の当たりにした城主、明治政府、岡山県は自分達（国政・県政）に身の危険が及ぶと感じた、そこで農民、江戸時代からの下層民双方からの標的をそらすべく家来から取り急ぎ没落武士を見繕い流人として県下に配置したのである、一揆は県東北部などで起こりその方向を見据えて配置したとも考えられる、流刑地は江戸時代からの下層民の近隣また周辺と思われる場所も数箇所はある。農民や旧来の下層民懐柔策として維新末期の明治八年頃に没落士族を、見た目下層民の流人として県下に配置した可能性がある、没落の時期は移転した時期と同じと考えられ、秩禄処分に合わせ氾科暦のある者等を選んだことも考えられる。俸禄に関係し金策に困っていたことも一因にあるかもしれない、また目的達成のため違法賭博などの取り締まりを強めた可能性もある。岡山城下（市街）に縁者が見られないのは血縁の者から遠ざける意図があったのかもしれない。私達は言い伝えで身分が低かったのではないかとのことが各地であげられるが、明確に身分が低かった事実などは無く、ありえないことである、城下を追われるとき、政治的にそう思わされていただけであり、政治的な目的により無籍の流人であったと推測されることや生業により周囲からも身分が低いと思われていたと考えられる。先祖は解放令発布も知らなかったのではないだろうか、殿様の言うことに逆らうことはできなかったのだろう、よく言えば城主を守るための使いであった

流人については江戸時代の無籍にならわしたもので明治維新の終わりには江戸の身分・呼称は無いものと考えるべきである、城主の行ったと思われる士族から平民を飛び越して流人とされたことは、江戸時代武士の没落が平民となる法律に違反し、城主が自分の身を守るための違法越権行為であった、江戸時代は武士が落ちぶれたら平民になるきまりがあったようである、明治4年の解放令の数年後家来を江戸時代の庶民に当てはめた許されない行為であった、だまし討ちと言える。賭博は禁止されていたものの多くの人は日常的に行い、賭博には違法賭博等種類分けもあったようだ、没落武士と一般に呼ばれるものは明治維新末期の騒動がもとになるもの

で身分や姓が転変するものではない、岡山鴨方支藩重臣子孫の磯田准教授はテレビの司会において、一言「没落武士は川漁や渡し船をしておりました」と言われており、私達の概略について、言い伝えか古文書で知っておられたのだと思う、これは私の先祖言い伝えと一致するものである、明治2年に士族制度が創設され、明治4年に廃藩置県があり、解放令が発布されている。私達の没落は明治維新の激動に起因するもので、明確に記述した文献等は見当たらないのである、没落武士は明治以降も関係する当事者しか知らない出来事だったのかもしれない。磯田准教授は先祖が藩の要職ということで、この事に関し当事者にあたるので概略知っておられたようである。磯田准教授とは先祖調べのことで文書で連絡をとりましたが、先生は私達を維新後の困窮によって川漁をしていたものと認識しておられるようで話はかみあいませんでした。岡山における博打等による士族没落は全国的に行われたものではない気はする。

一般的に没落武士といわれるものは明治維新末期以降の武士の困窮がもとになるものである。秩禄処分に関し平民籍を希望する者も募集されていたようだが、刑罰による除籍もあったようだ、武士の除籍に関し1860年及びそれより少し前の江戸末期岡山藩の除帳（除籍簿）を調べたが内訳で死亡が多いのは当然だろう、追放とあるのは2年程度の間に1例を見るくらいで非常に少ない、名を見ると○○朗というのが多い、私の先祖に多い○吉というのは非常に少ない、武士を追われる時苗字が消滅すると同時に名を変えたのかもしれない？武士の刑罰はほとんど記録に残っていないと言われている、私達の事実も多くの人は知らない。また、ある文献には明治維新後の武士について、生活困窮者が全国にあふれかえっていたと記述したものもある、これらも没落武士といえよう。（これに関し私の生家30軒位の村の谷の池のそばに明治7・9年没、士族西村熊谷と書かれた2墓がある、行き倒れ又は職に困り小さい家でも建

て一時期住んでいたのかも知れない）
１８６７年岡山藩侍帳には母方沖姓と同じの者が一名載っているが明治７年１８７５年ころの藩士族名簿（市立中央図書館）には載っていない、その間に除籍された可能性も考えられる、母の姉によると沖姓をつけた根拠は不明という、地名の小字でもないようで、地形的なものでもない、　川の東西で同じ沖姓で身内ではなかったが苗字を付ける時、同じあたりに２軒あったからだろう、父方は当初始祖別々の４軒と思われるが、その後同じ姓を付けている。

昭和年代に入り行政のしてきたこととは　明治維新の終わり頃まで士族であり、その後各地に川流しとなり川漁をしていた者を、江戸時代以前から川漁をしていた者と勝ってに判断していたようである。起源を知っておきながら黙秘してきたようだ、このことにより私達は大変迷惑をこうむってきました、また全国の研究者は岡山県で川漁をしていた者は江戸時代以前からの生業であったと捉え、あきれ返るような理論（学説に近い）を打ち立てています、また津山西ハ出地区においては、１９７０年頃から二００二年まで施行された地域改善対策法（略俗称）が江戸時代武士であった私達に違法に適用され住民の出自起源が実質歪曲されるなど前代見聞の現象も発生しています。

第二部　加筆内容（二〇二二‐六）

侍に関する証言、追放時期の推測、

尾崎宏子（岡山県在住国会議員選挙立候補者）は小学校の2級下である、和気高校で部落研に入り、ノ-トルダム清心女子大では部落研が無いので社会学研究会に入っていたという、2020年暮れに自著小冊子ができ、うちの家から2ｋｍ西のこの家を訪ねた、本を配る目的と、どこか良い販路はないだろうかと尋ねる目的があった、少し本の事を話しているうち「あ、思い出した、そういやあ父親があそこは侍が俸禄をもろうたあとに・・・いうて言よった」と話された、この俸禄とはいつを指しているかであるが明治元年ころから俸禄はもらっていたと思われる、ただこの話の中での俸禄とは明治五年金禄を意味している可能性がある、全国の秩禄処分は明治9年とされ、説によっては明治7年にもあったとされる・・・秩禄処分とは武士の解体　俸禄の終了という考え方もあるようだ。　私の気までまたその東西について大方読み取れる）で最も古いものが現旭湖南部神瀬（後、早い内に数ｋｍ西に移転）の瀧本家で父は苗字があるが、娘は嫁入り前で苗字を付けない状態で１０里東の福本村の土手家に嫁ぎ、無籍のためそこ嫁ぎ先で苗字を貰いたい旨のことが戸籍から読み取れる、現在でも住所移転すると同時に役所で登録するが、当時も同様と考えれば、多人数といえる私達の川流しは明治７年の秩禄処分のころと考えることができる。２０２０年の夏に飯岡地区を通る高規格道路の反対運動のことで、尾崎本人と町議１名の２人が私の家に訪れた時には、私が「おまえら没落武士う知っとるか」と聞くと２人とも「知らんなあ」などとほざいていた。尾崎さんの父は共産党柵原町議で秋山高司だった、柵原鉱山の組合運動で辞めさせられたという、特攻隊員だったことは選挙関係で昨年の新聞にも掲載されていた、私の父と同級くらいだろう、秋山高司が没落武士のことをなぜ知っていたかは不明であるが飯岡地区は昭和30年頃の月の輪古墳発掘で岡山大学の近藤教授（考古学　岐阜出身）の指導を受け、色々と談義もしたという、このあたりで情報を得たのかもしれない。またこの地吉井川と吉野川合流点周匝郷（すさい地区）は岡山藩の駐在があった場所であること、また秋山家の隣の家は在郷の武士というものだろう、私と同級で家には長刀もあったという田尻家（同姓は1軒だけ）もあった。2020年9月に津山駅の北の食堂で西ハ出（にしやいで）地区について聞いたことについて。世の中は金持ちが金持ちに、貧乏人が貧乏人になりようるだけじゃ、などということで話はじめた、で私は西ハ出地区の親戚周りのもので・・・と言うと主人は「あそこらは侍の・・・」とすぐ話してきた、地区長の谷西さん（建部母方及び土手家縁者）からは広島の落ち武者との言い伝えを聞いていると伝えた

どこが良い悪いというんで無しに山の上と下（北）は家柄は違う

地域改善対策地区（略俗称）になっとったけど、下側は偽者じゃったと伝えた。奥さんに前にこの店に来たことがあるかと問われ、30年位前に1～2度来たかもしれんと返した、よく覚えていないが、津山在勤中に寄ったような気がする。この店に寄った一年少々後の2021年暮れの西ハ出墓地調査で墓の近くに住む柳家分家の小山さんに、この食堂の主人の姓や住所は教えてもらい、この辺り近くで江戸時代から住む松本さんだということが判った、夫婦は80歳位だろうか、今は息子が後を継いでいるとのことだった

「かわ流し」とは何か

この言葉を知ったのは2021年9月ころである生家川向かいの電気水道屋が忙しいとやらで、県内各地を回っておられる岡山市の（株）サンエムさんに修理に来ていただいた、私が「ここらは明治維新の時に侍が島流しになって河原に住んどった・・・」などと言うと、2人の内60歳前後と思われる年配の方が「ここら

のことかどうかわからん、岡山県内のことかどうかわからんけど、川流しというのを聴いたことがある」と言われた。これは私達のことだろうと考え、以下（以降）川流しの呼び名を使うことにする。津山地区についても、２０２１年末から２０２２年初めの聞き取りの中で芦田T男から「ハ出河原に住んどった」と聞き、天野T男から「河原乞食と言われたことがある」と聞いた。また「川流し」とは川を流すものでもあろう、宮武外骨大正１１年著書によると中国とベトナムの国境では男女関係において違法の物２名を筏の上にくくり付け川に流したという、これとは違う。

サンカ（サンカ族）とは

かつて本州の山地などに存在されたとする放浪民の集団であるが起源や実態は全く不明であるという。定住生活をせず川漁や箕つくりをしたとされ、研究は昭和年代に入ってからとされるが調査等はできていないようである。先祖は福本小原の小さめな昔の土手（

提）の外に2軒内に1軒あったという、土手家の一部は箕つくりもした、竹林があったという。（2021年遠籐区長談・福本小原地区）世間でサンカ族と呼ばれる者は江戸時代以前より、放浪生活をし、川漁や箕つくりをしていたといわれるが、私自身、県南部の人に英田郡の方には居つきサンカが居ると聞いたことはある、それは侍が落ちぶれたものだとは言い返した。岡山県行政や県民は私達士族没落など無かったことにして、我々を起源不明の放浪民ととらえ（又は没落士族を無理にサンカとして定義づける必要にせまられた）サンカと呼ぶ者もあった。この場におき私達の立場として、「サンカ」という語句は江戸時代以前に起源をもつ者に限定するように決定づけたい。超推論にはなるが、明治政府が旧藩の権力によって隠密の内に士族川流しを全国的に推奨していた可能性もある。明治30年頃播磨飾西郡より、岡山県福本の土手家に嫁入りした河原姓の者がある、私達は県内婚がほとんどであったが、県内での河原姓は吉井草生（当初1軒）と高梁市街（当初複数軒あったらしい 及び備中布瀬（当初1軒らしい）発生の者があった、この県内発生の河原姓の者が明治10年過ぎ頃に姫路に移住し、嫁入りに戻ったとも考えられる、飾西は今の姫路中心部と思われ、昭和年代戦前に姫路砥堀に河川漁業を生業としていた2～3軒の家がある

飾西郡の地と砥堀は同じ場所である。川流しは当初河原住居のため、どことて河原姓はありえる、播磨発生の没落士族集団があったのかもしれない。三重県宮川のアユ漁師細渕家は昭和はじめ生まれの方が3代目で私達とちょうど年代は合う、「オゲの子はオゲじゃ・・・」といわれていたという、四万十川の漁師山崎武は自伝を出版していたが、文中の一句に「板子一枚およそ人間扱いされなかったのかも知れない」とはある、江戸時代の下層民ではないらしい

大分県に二箇所程度エセ同和地区があるというが放浪民・浮浪者と考えられていた者は没落士族だったかもしれない

ウィキペディア　（インタ　ネット辞書）

サンカ族の項ノ－トへの書き込み（自書公開）転載

岡山県で明治維新後より河川漁業をしていたのは没落武士です。この項２００６年議論の文中に「研究者によっては幕府関係のものや・・・・・のものがながれ込んだ」とする一句がありますが、これに該当し江戸時代からのサンカではない。先祖は岡山藩の没落武士です、明治維新末期より、旭川・吉井川等の中下流約２０箇所で川漁や渡し船をしておりました、岡山鴨方藩重臣子孫の磯田道史准教授もテレビで「没落武士は川漁や渡し船をしておりました」と言われ、先祖言い伝えの士族没落と一致します。、城主は明治６年に、県東北部で起こった解放令反対一揆などに対応して、岡山城下の刑罰除籍士族を県下に一斉配置した可能性もある。十数年前沖浦先生が岡山に講演にこられた時電話連絡をすることがあり、岡山で川漁をしていた者は侍が落ちぶれたものであることを伝えましたが、それはサンカ族であると言い張り聞く耳をもたれておりませんでした、。聞き取りで「あそこは侍が俸禄をもろうた後に・・・」と父に聞いたと証言したのは尾崎宏子です。岡山県と津山市は住民に浮浪者の寄り集まりと説明し明治から住んでいる者を違法に地域改善対策地区（略俗称）に指定していました。

流罪

江戸時代以前は身分に関係なく刑罰等による流罪があったようだ、宇喜多秀家は千六百年頃八丈島に息子２人と流され、後醍醐天皇は数百年以上前に非人とされ隠岐の島に流されている。総社在勤時同僚の石垣島出身教員は先祖は政治犯の流人だったという、奥さんは飯岡地域出身のＳＮさんだった。昨年晩秋法界院駅近くの全国展開の保険会社に船舶保険のことで寄り、没落士族の話をすると、まだ若めの大多府島出身の方がうちも没落武士ですと言われた、１７００年からの１０年間鹿久居島に牢場があり、改心せぬ者は首切り碕で刑を執行されたようだ、改心した者は生き延び近くの大多府に住み着いたのかもしれない。流罪には近流・中流・遠島などがあったようで、それぞれに対応する流刑地があり、この中に確かに河原というものが含まれている。流罪は明治41年まで続き、明治維新のころには流刑地は北海道に一本化されていたとされるこれらは本来の刑執行が目的であり被差別が主目的でなかっただろうこれに対し私達明治維新の刑罰士族除籍流人は解放令に関係し江戸時代の下層民との対応を十分考え含んだ上での追放であったと思われる、追放時、県内に住む江戸からの下層民はこの大事件とも言える追放劇を池田家からの伝令により受けていた可能性が高く、当時から流人のほうが低い悪いと考えるようになっていた、「上を見るな下みて暮らせ」思考を池田一統（岡山県行政も関連）が利用したものである。江戸280年間にしたことの無い、重罪でもない家来を政治的な理由により極秘の内に県内島流しにしたものであり、表向きは罪を犯した方が悪いようにみえるが、よく考えれば約３００年の間にした事も無い、武士は平民と違いじゅん刑とやらが適用され刑は軽減されるようになっていたという、これからすると岡山藩明治維新の川流しは違法・無法追放にあたり、家来に対する虐待行為である。こちらに言わせれば執行したほうが悪いのである。士族（武士）を抹消したらしく追放された自分達は解放令後にありもしないひにん（呼称）になっていたと思わせられていたのである。追放劇は言い伝えとして継がれることはなく、身分が低かった（呼称）ようなことだけが伝わっているのである、先祖がどこで何をしていたかわからないと言う家が多いのは悪く見られることは伝えないほうが良いという発想によるものである、藩士は封建時代最後の絶対君主による大事件ともいえる悲劇に巻き込まれたと考えられる。状況判断も何も仇討ち同等の仕返しを池田一統にする必要も考えられたのである。

武士起源が抹消されているらしいのは、起源不明の放浪民に仕立てる必要があったからであろう。ひにんの呼称については、2021年3月に県の担当課に自著小冊子と質問状（行政は我々江戸時代武士であった者を、江戸時代の被差別民と同様に扱ってきた面が見られることなどについて）を送り。その答えとして明治9年頃の士族追放は確認できないとのことであったが、明治4年の太政官布告解放令については拝聴するとのことであった、これは私達先祖がひにんと取り立てられたようであるが俗称であったことを暗に認めていると考えることもできる（俗称とは・解放令後のことと思われるので身分も呼称も無いはずである）。福本小原（英田）の土手家は4系統あったが土手貞吉系本家の過去帳は昨年気づき、もっとも古いものは明治9年12月亡佐ノ吉の父とあるので始祖定吉の亡年である推定75歳。この過去帳に江戸末期没の方が2～3名おられるが、墓は無く子らが没年を覚えていて書いたものと思われる。

貞吉の子は兄弟ら（江戸末期生佐ノ吉を含む2～3人）さらにその子江戸最末期生の美代蔵兄弟らもあった、福本小原に流された後短期間住居（5～10年？）の後それぞれが王子と高下へ、また稲蒔にも移り稲蒔のものはその後佐伯小原を経た後、益原・熊山まで南下した、移り住みながら川漁をすることでサンカ族と見た者もいるが、漁場を求め主に縁者の地へ移ったものである。（川原家は元から稲蒔に住む）別系土手豊の始祖系は福本にずっと住んだ、土手恭一の始祖系は後に塩田へ、ゆうすけ系は定吉系と同時期に王子へ移り、貞吉系で夏吉らは福本小原対岸の青野に住んだ者もある、兵庫県上郡へ鮎漁のことで移り住んだ者もある、（福本河原に明治中期までらしい住んだ3軒がある、土手豊の始祖系を含む）貞吉系は家族が多く、津山への嫁入りも複数あった。笠岡よりの移転と言う津山天野家の3兄弟は江戸末期の生まれだろう、対して津山柳家芦田家等の始祖は1860年頃生まれの若年独り身の者もあった

二〇二一年暮れの津山西八出墓地調査

以前は今津屋橋のたもとあたりにあったが昭和４８年頃に山の上に移したという、西八出地区は現在６０軒位だろうか、以前多い時には８０軒という人もある、墓地は山の上にあり区画は１００区画以上ある、住人に江戸時代から血縁関係のある墓は皆無であるが数百ある墓柱の内、３～４柱江戸期のものがある、柳家墓地に明治の中山姓が３柱あり柳本家にその位牌もあるが江戸の墓を含め血縁は無い、柳家の墓は本りん寺に２柱あり、昭和半ば過ぎに地区の中心的存在だったと住職は言う、中山墓は何らかのつながりか家系が絶えているかのため引き受けたらしい、柳家墓地に河瀬姓が１柱あり私の持つ戸籍によるとこの姓の者が津山より建部に大正前後に嫁入りしており、その後家が絶えたらしくこの１柱も引き受けたようだ、引き取り手の無い江戸の墓柱も移転時に引き取ったようだ、この江戸の墓柱について、私等が住む前の江戸最末期にハ出河原に1軒でも家があったのかもしれない。ウィキペディア　サンカ族の項の議論の中に研究者によっては「幕府関係のものや・・・・のものがながれ込んだ」とする一句があり、この言葉に当てはめれば、元1軒あった所に15軒程度加わった可能性もある。ただ、沖浦先生が、明確な学説では無いようだが私等をサンカと言うことについては、起源を江戸時代以前とした考え方によっている、沖浦先生は現地調査など全く行っていないのだろう、これからすると、この一句も何をもとに考えられているのかは不明である。現在でも地区内に同じ家柄以外の家は60軒（アパート軒数除く）のうち1割の軒数にも満たない、明治20年前後から津山当地に入り込んだのは県中東部・県中部・県北西部それぞれ川沿いからの同族である、同族であったことすら元住民には判断できなかった。　墓地一角の数m角に積み上げられた無縁墓石はこの地区のものではないという。　土手豊建立の墓もある。

２０２０年夏の聞き取り内容について

・岡山藩を偽ったもの。　侍の言い伝えのあるものを含む）
吉井草生　河原家　鳥取の落ち武者・・・土手貞吉系本家近縁
津山西ハ出　谷西本家　広島県の落ち武者・・・建部母方近縁
同西ハ出　天野本家　明治初め笠岡から移転、苗字持ちで無かった
同西ハ出　河野家　湯郷へ居った。
落合鹿田　　神田（り）家　成羽の山の上から来た・・・どこか場
　　　　所は言うことはできない・・・母方近縁同等
英田福本　土手恭一の始祖系　勝間田の山下姓の侍が追い出された
・続いて偽りの無いものと考えて
御津・建部あたり数軒〜十軒　士族だった
英田福本　土手勇助系　脇差を差しとった者がうろついとって住
　み着いた、　土手定吉系　刀が２本あった
吉井稲蒔　侍だった。

佐伯小原　郡奉行大口助七朗の何かの縁になる。
（佐伯小原について高校のとき友人と原付で家より15km南のこのあたりに釣りにきた「お爺さんは土手芳蔵じゃ」と言うと「わしゃ高原言うんじゃけど、知らんもんじゃあねえんじゃ」と言われそのころから同じ家柄とわかっていた（大口家の隣）
追放劇が2度あった可能性について（追記）
久世、落合、旭湖（川の西）、福渡、建部、宇甘、御津、でみると、福渡を除いて南北のつながりが多く、福渡の鷲尾家（元1軒だったらしい）の者は明治中期頃らしい津山に出た1代後くらいだろうか、村内婚で五葉家の者が鷲尾家に嫁いでいる、嫁いだ者はT子さん、N子さんら10人兄弟姉妹の母親又は祖母である（津山鷲尾家の者が大正初めに建部に嫁入りしている）その頃、この10人のうち1人が宇甘東の母方近縁山元家に嫁いでいる、N子さんである、N子さんの主人の父が山元照一で兄弟で炭焼きをしていた（船大工民族文化財山元高一の兄弟らしい）福渡鷲尾家は当初旭川南北とつながりが無く先に津山とつながりを持っている、福渡に侍の言い伝えは無いようで津山住人のほとんどにも言い伝えは無い、これらからすると、旭川沿いの久世・落合（北房含む）旭（川の西側）建部・宇甘東・御津の者と吉井川水系福本・吉井草生・稲蒔・佐伯小原・田原の者を明治7年追放とすれば、津山・勝間田小矢田・福渡・高梁・備中・新見の明治9年追放が考えられる。注目したいのは（関連前述あり）明治7年12月現旭川湖神瀬（園城村又は下加茂村）の者が40km東の福本土手家（貞吉系？）に嫁いでいる、戸籍より神瀬の父には姓があり（瀧本家）娘は無籍で土手家に嫁ぎ籍を求める旨が読み取れる、現在と同様移転後に村長に申し出て籍をもらっているとすれば明治7年の追放である。福本土手家の者が明治20年過ぎ頃に津山柳本家始祖弥助（1860年頃生で親などはいない）に嫁いでいる、柳家の持つ戸籍によるとこちらは福本無番地とある。勝間田小矢田川西家（元1軒だったらしい）は三里少々南の土手家各系統とは縁はなかったようだが、津山とつながりがある、津山の河野家は備中布瀬河原家や新見唐松滝本家とつながりがある、・・・いわばこのあたりは旭川水系とは縁が薄かったと言える。一般に明治9年に秩禄処分があったとされるが、説によっては明治7年にもあったとされる、この明治七年・9年に岡山藩士族流人が被さっていた可能性はある。戸籍・過去帳を含めた聞き取りにおいても、明治維新末期（明治はじめ）の追放と考えられる。（母親の言う「何も無かったもんはそのまま行った」と言う一句が秩禄処分に関係しているとも聞き取れる。総社在勤時井尻野の佐野家が川漁をしており、先輩の社会科教員は「ここらも漁をしょうるもんは居る、あれはひにんだろう」と言われていた、繋がりは無い。

戸籍　私が持つ御津町（中牧沖家及び元竹枝村吉田洲崎家）と

英田町（土手家）及び柵原町（土手家）で２０２０年から２０２１年にかけて取得した約４軒分の戸籍について、戸籍による相互のつながる範囲は御津町（２軒分）で取得したものを基準に考えると南北では旭川水系について県中北部の久世から落合、旭、宇甘、建部、御津町南部まで、東西で見ると旧旭と旧英田、御津建部と津山、御津と旧柵原、及び聞き取りや戸籍。身内関係により御津と旧吉井、落合と津山、落合と旧柵原、勝間田東部と津山、など。さらに旧柵原と高梁、新見と津山、備中布瀬と津山などである、吉井川の南北のつながりは津山と旧英田、旧柵原と旧吉井、旧柵原と旧和気、旧吉井と旧佐伯などである。津山西ハ出とのつながりは福渡品田、勝間田小矢田、御津、建部、旭（吉備中央）とつながりがある。天野T男家（旧小島家）は勝間田から御津建部、唐松滝本までつながりがある。家紋について、正しいものかどうかはわからないが、金川 洲崎家は三つ葉あおい（2022,1,24 母の姉に

聞く）、御津中牧-沖家は四つ菱、津山-天野家は（元小島家）・・桐・という。先祖とのつながりに関係しているかもしれない

サンカ族や海民について（沖浦和光が研究をしていた）

今から２０年位前に桃山学院大学学長の沖浦（かずてる・故人、専門は芸術論とあるが、主に被差別民の研究をしていた）先生が御津町金川に講演に来られるとき、１度電話で話をしたことがある　芸予諸島の沖浦地区出身で元海賊であったという、（江戸時代の下層民ではないらしい）親が外航船舶に乗っていたかで、大阪西部か兵庫の東南部に住んでいた、先生のサンカ族説は江戸時代末期の飢饉が元になるもので農民等が生活苦により逃散民・放浪民となったという、この無籍者らが不定住で川漁や箕作りをしていたというものである、中国山地に多いとした、電話では「（私の）先祖は海賊ですよ、海賊」と強調された、私は岡山県で川漁をしていた者は侍が落ちぶれた者ですというと「それはサンカ族です、川沿いに

点々とあるでしょう」などと言われ聞く耳をもたれておりませんでした、、著書「幻のサンカ・・・」では広島県福山芦田川を例に作田家が登場しているが、これが無籍の漂泊民関係者だったかどうかは明確ではない、岡山県の私達をサンカ族と呼ぶ人は以前からいたが、これは河原住居・生業によるもので、明治維新末期の移住や、記録の無い大規模な士族除籍を知らない、ただ私達を見た目サンカ族であるとしたものである、机上の空論が学説に近いものになっているのである。サンカ族の語義について、居つきサンカとは江戸時代以前、数百年以上前を起源とする説から明治維新まである、放浪民、浮浪者、逃散民が定住するものをさす、川漁や箕作りを生業とし、不定住で移動を繰り返すとされる

私達のように士族を抹消され起源不明に封じ込まれたものもサンカ族と捉えられていた場合もある、ただ士族起源の者がサンカ族に加えられることには疑問がある、サンカ族の実態は不

明で学者が調べることもなく空論を展開しているのである、岡山県で川漁をしていたものは起源不明の放浪民が定住したものと定義づけたかったのは池田章政の部類である、また私達県内各地のものは明治10年頃より嫁取り等で東西南北のつながりをもってきたのである、津山西ハ出地区は起源不明の浮浪者が寄り集まっているとされているが、これは大嘘であり住民がだまされていたのである、没落士族以外が万一あったとしてもごく少数だろう　県下各地に追放になった後明治中期等に県東部や県中部から同族である西ハ出に移り住んだものもある、明治中期に家柄の違うもの同士の婚姻はほとんど無かったであろう、超推論として、新明治政府が隠密の内に旧藩主に士族流人政策を推進させた可能性もある、江戸時代の下層民からの視線を上を見ず下を見て暮らせという考えに持っていこうとしたものだった、江戸時代以前に定住しておれば、江戸時代の下層民になっていた可能性はある、元橋下知事の場合はこれにあたる。

家船（瀬戸内海の放浪漁民）　沖浦和光の著書によると、芸予諸島の家船とは陸地に住居を持たず、舟を家として生活している人達であった、直近では三原の南の安芸幸崎を母港としていた者が多かったという、昭和年代まで見られたという、江戸時代それ以前かもしれないが年に一度正月だったかたんな寺に参ることで、住所が継続されていたという、これを欠かした者達は住所を失い無籍になったという、この人達は近年の研究では江戸時代のなる前の水軍の一部と考えられるようになったという、手繰り漁師（たぐり、手繰り刺し網と思われる）と呼ばれ、近づいてくる船に寄り、捕った魚を売ったり米と交換したりしていたという、（家船とのかかわりは不明だが、芸予北部七窓地区の漁法が東に広まったと言う人もある）本島小阪（四国放送ＨＰに案内あり）地区などは家船に関係する無籍の漂流漁民が定住したものと推測される、江戸最末期に小阪地区の住民が旧来からの本島住民の持つ人名という株券に関わり、騒乱が起き先ず旧来の住民側に死傷者を出し、その後小阪地区の住民18人が殺されている、この18という数字はくしくも明六一揆津川原事件の死者と同数である、多度津藩だったか幕末の幕府人口統計にこの地区民の数を江戸時代の一般的多数である下層身分の数として報告している、実際は無籍である。定住は江戸時代の初め前後と思われる。元職場同僚の本島出身木本さんは江戸時代に海賊から守るため税金をとっていたという、木本家のことだろう。寄島東安倉などは小坂地区と同様江戸時代は無籍だったらしい、笠岡あたりの人はこの地区について、江戸時代に身分が低かったようなことを言う人もいるが、寄島在住の人は江戸時代身分が低かったようなことは言わない。三宅姓もある。

笠岡の芝勢家は自ら海賊と言われた、陸地に住み着いたのか北木島あたりに住み着いたかどちらかである。30年くらい前の倉敷教育事務所長は三宅姓だった、その息子は先祖は政府の遣いだったと言っていた、倉敷あたり広くの三宅姓は海賊という人も多い　水軍は政府の遣いの役割に関係すると考えれば・・・水軍と海賊は一体である。連島の汀家（久世発生の近縁）の婆さんは倉敷八王子の三宅家出身だったが先祖の起源は聞けなかった。玉島の漁師安原さんによると、走り島を含めそこから東で海賊のようなことは聞いたことが無いという・・・漂着漁民を海賊と言わない考え方であろう。

橋下徹（江戸時代以前起源のサンカ族の例として掲載する）

週間アサヒと思われるが10年位前に大阪の元橋下知事のことを取り上げていた、先祖は兵庫県西部千種の居着きサンカだという起源は江戸時代になる前だろう　放浪民が住み着いたものである、鮮魚店　後に水道工事業をしていたという。明治になり職を求めるなどで、山間地に住んでいた旧来の下層民は神戸大阪の同族をたより、都市部へ大挙流れ込んだといわれる、長田番町などは人口が1万人といわれ、軒数は千軒単位である、橋下家は大阪へ移っているネットの書き込みには田中角栄や安倍元首相、前民主党の菅首相も家柄が悪いやら、真偽不明の嫌がらせ的なものもある。

池田家と妾　江戸時代初中期、池田綱政には子供が70人いたという、2号・3号というようなものではない、その数十人の妾の6～7割は家柄が悪く、名を公にすることができなかったという、・・・（磯田准教授著書より）東山峠（両山峠）に明治維新期に50軒なり100軒なりの乞食がいたというが遊芸もしていたと推測する、東山峠のあたりから別嬪さんがお城へ通っていたのかもしれない。京都の河原乞食は有名である、遊芸もしていたという、山城信吾家は医者だったというが、西隣は彼らの住地であり東隣は江戸からの下層民の住地だったという。

殿様に関連することで、1700年のころ、上斎原の木地師の若い娘は殿様に気に入られ、城へ入ることを求められたという、しかし彼女には好きな人も居り悩んだ末、自ら命を絶ったという、山中に墓があるという、岡山県北の東西に小椋姓が多いが木地師の末裔である、木を加工し椀などを作った、起源は江戸時代になる前だろう、いわゆる山の民であるが江戸時代に身分が低いわけではない。

出村とは

岡山市の街外れ（東？）だろうか、村八分になった者が集まって出来た村だという、江戸時代だろう、45年位前に出身者に聞いた。

静岡県の奇例

江戸時代平民であったものが明治になり法律が変わったため、被差別民になった集団があるという

親戚まわりの者

野球選手　石井茂雄　落合（久世）生まれ　勝山高校定時制を中退し1957年8月に阪急へ入団　いくつかの球団をまわり、引退後は福岡でスナックをしていた、武庫川女子でテニスをしていた笠岡生まれの人と一緒になったが後に離婚したという。玉島に10年くらい前まで1日中野球のことをしゃべり町内を歩きまわっていた老

人がおり　石井茂雄は死んだら新聞に出るじゃろうといっていたが地方新聞には載らなかったようだ、勝山-玉島高校戦で２０連続三振をとったやらと聞いた。野球選手石井茂雄の兄弟か従兄弟だと思われるが十数年前まで岡山駅の南で居酒屋　をやっていた者もある、私の生家の３軒隣の備前焼王子主宰の者　は「石さん」の居酒屋によくのぞいていたという、この窯元は藤原啓がおじさんにあたる。石井家で落合へ居た者は市役所へ勤め　津山への婿入りもある

川船大工山元高一　建部　（母の姉の主人川漁師洲崎正一のいとこになる）町の民族文化財であった、山陽新聞刊の山陽サンブックス建部に写真入りで紹介もされておりその辺りで知らぬ者はいない、船のことで研究者も出入りしていたというが、代々の伝統はない。高下の備前焼作家の土手五男は身内である、仕事で湯の郷温泉の旅館にも出入りしていた。兄弟の土手護は縁者を頼り高梁で漁師をしており、かなり前に漁のことでテレビにも出ていたらしい

第Ⅲ部　その後の調査等（箇条書き：順不同　各部全ページにおいて語句意等が前述と異なる場合は夫々後述のものがより正しい）

定吉系の始祖定吉は貞吉が正しく定吉は二代だった

御津中牧十谷沖家生まれの母によると「士族だった・ひにんだった・部落ではない」という、御津建部は皆こういう考え方だっただろう、母の姉（元竹枝村吉田）洲崎きぬ子は御津建部から続いて落合久世まで家柄につき「そりゃあおんなじじゃろう」という。落合久世にひにんだったという言い伝えはある、生家元英田福本土手貞吉系もひにんだったという言い伝えはある、土手家各系でみると武士に関した言い伝えのある家はひにんだったという言い伝えはわりあい無い、江戸の部落ではないことは皆知っている。津山西ハ出（高梁）の住民は自ら江戸時代の部落でないことを理解している者は多いが、自らを部落と考えている者もかなりある、部落の範疇がはっきりしないためである、また江戸時代の部落と考え南隣の地区と同じ家柄と考えている者も少数ある。

県下各地の私等同類について県民の多くは流罪のひにんだろうと考えていた。父の妹の主人村家姓は祖母の生家稲蒔の対岸(川の東)塩田の上の端に家があった、結婚する前から私らの家柄はそのように知っていたようだ、部落とは考えていない。

細民・零細民の調査は大正年代に内務省が行ない、昭和一桁年代に各県の特高警察が行っている、また昭和十年に全国部落調査を(財)中央融和事業協会(内務省傘下の民間団体・解放同盟が関与・解散後は部落民を戦争に向かわせようとする結社になる)が行っている、調査は既出の調査を基準または模写している証拠として、母の姉方の竹枝村吉田(元住所)は昭和9年9月の台風で家が流れその後住所移転している、昭和十年に現地調査があれば、その後の住所になっている等のはずである、この昭和十年の調査について、御津建部は3か所、落合あたりは4か所程度、新見唐松・高梁・津山となる、勝間田及び益原岩戸の2か所は挙げられている場合と挙げられていない場合があるらしい、これに対し生家あたり英田福本、英田青野、飯岡村、周匝村、佐伯村、和気田原など一帯は挙げられていない。県下一帯1～2軒の所や1～2軒が数十件の集落に混じっている所は挙げられていない場合が多い。この調査に現地の地区村長や旧庄屋のような者がかかわっているとすれば、飯岡村の村長であった秋山姓や石川姓の者は私らを部落では無いと判断していたことが関与した可能性があり、これに対し津山・旭川水系・高梁川水系の村長などは士族没落を知らなかった可能性がある。

昭和51年から一期吉井町長を務めた大口新太郎は佐伯小原（父井原）出身の近縁の者だった、大口家の始祖は郡奉行大口助七郎の縁者だという、その地始祖の墓には大口新次郎明治十八年没とある、岡山県内同類二五箇所居住地の内武士時代の姓を引き継いでいる家はここだけらしい、（沖家？）この町長が調査に関与した可能性もある。また主業副業に淡水漁業とあるのは御津建部の2～3か所だけであり、他は実際の川漁と違う農業などと記載されている。この昭和十年の部落調査は全国で約5400箇所を挙げているが、その後昭和44年の地域改善対策法が施行されはじめた頃には種々調査があり昭和10年と昭和45年について数でみると5400と4500の差である。昭和10年の調査に関し無籍の漂着漁民様の者（寄島東安倉・本島小坂等）は被差別実態は明確であるが掲載されていない、芳井町市街地に一～二軒掲載されるのはひにんであろう、北木島に一軒掲載される。他ひにんに落ちた後十年経つと平民に戻れた者は多数いただろう。昭和十年調査書の復刻再販を考えていた神奈川県人権啓発センターの宮部龍彦によると、昭和十年この調査には部落でない所（江戸時代の部落以外）は多数掲載されているとする、調査基準はあるだろうとした。解放運動団体は部落の定義を広くとっていたのであり、私ら士族流人を起源不明のサンカととらえ、部落に含めていたのである、江戸時代の武士が維新後期に零細民になろうとも、江戸時代の下層民同等と考えてきたのは、政府・県行政の関与はまぬかれず、私達に対する虐待・蛮行行為以外なにものでもなかったのである。行政で関わった内務省・特高警察の資料を知ることはできない。ちなみにこのときの4500箇所地区の内同和対策法を受けいれたのはこの7～8割の数だったようだ。私達は県内25か所の内同和対策に参加するか否かを問われたのは津山（高梁）だけだった。津山西ハ出などはウイキペディアにもあるように全国での地区指定に関し「行政によってはごくまれに、サンカ族が密集している所を指定していた」とある。岡山県・政府は自ら追放した家来を、本来の目的でない者らを解放運動団体と手を組み地区指定に導き似非同和地区を発生させていたのである。また西ハ出地区の墓地移転なども全解連身内の土建屋が請け負い同和利権の温床にもなっていた、柳家本家の者は数十年前津山市議を一期務めていたが、同和対策の本来の対象を判断できないまま地区指定されていたようだ、西ハ出は山の上から押されて北側に下がったことにされていたことや、本琳寺に柳家の墓が2柱あることについて引き取り手がないのでこの寺が引き取ったとされている、金が無ければ寺には置けないはずである、これら適当なハッタリに気づくものもいなかった、被差別問題や水道が無かったなど生活の改善に地区民は目が向いていたようである、また県内の者達が同類であることも判断できていなかった、柳家はなぜ英田郡福本の方から土手家の者（や御津の川邉家）が嫁にきているのか、不思議に思っていたという。この土手家4系統位は英田郡福本小原に流された後津山に嫁入りなどしたのは土手貞吉系、土手豊の始祖系である、西八出の者は土手家が同類だと判断できなかったことが多いようだった、この同類が同類の地へ移っていることが、同類にならず被差別部落の者が流れ込んだことに化けている場合もあるようだ。西八出は土手家2系統を介する婚姻により大半の結びつきがある、瀧本家　鷲尾家は旭川中流域から婚姻関係においてまた移転により津山に移っている、県内各地の私等は江戸時代の下層民とは無関係である。（解放令後の）流罪ひにんが江戸時代の部落でないことは岡山県民も皆知っていたのである。

地区数4000～6000について昭和45年頃の調査では東京都・九州北西部など計上していない都県があり、これが数の増減に関わっている、昭和10年の調査数5400は江戸時代の部落以外が約1000含まれる計算をすることはできる。

佐伯小原（父井原）について　2023. 6. 18 の調査

大口H子への聞き取り　この人の生家が吉井稲蒔で私の祖母の家又はその隣で元川原姓だった、私の曽祖父とこの人の曽祖父が兄弟だったらしい、飯岡王子の私の土手貞吉系本家のことも知っている、ここが本当の大口本家だと言う。墓は始祖から平らな石のようなものはないという、墓地の一角に長方形の一枠に平な石2個と大口新次郎明治一八年没とのものがある、平らな石2個は同じ墓地に入れなかった新次郎の父母を見立てたものだろうか？墓は続いて西隣の枠に大口音吉明治31年41歳没とありその後はこれに続く、音吉は明治8年頃に18歳位だろう、○○郎の名を音吉に変えているようだ。追放された原因を生んだのは音吉だったようだ。ここでは追放原因が始祖ではなく2代である。津山の柳家・芦田家の始祖と同じ年頃である。始祖などに音吉の名は県下各地に数人はみられる、音の字に何か意味が込められているようだ、大口家の墓の続き東隣に文久・嘉永となる高井家の墓がみられる、高井姓は現在1〜2km北にあるがここの墓地は現在使われてなく、江戸時代住んでいたのかもしれない、他加東姓も墓だけみられる、高井・加東は縁者ではない。大口姓の藩士について、岡山大学付属図書館蔵の池田家文庫マイクロフィルムによると、江戸時代に16名の藩士が見られればぼ全員が○○郎の名を使っている、新次郎の名は検索にはヒットしないが、助七郎の縁者だったことは事実のようである、ちなみに吉井町長第4代町長大口新太郎は佐伯小原生まれで吉井稲蒔の川原家あたりに住んでいた。佐伯小原について大口家が5〜6軒、高原家が5〜6軒あるが、大口家の者はここの高原家は家柄が全く違うと言う、私の持つ戸籍（久世・落合・旭・建部・御津・津山・英田・柵原・吉井・佐伯・和気あたりまで判断できる）や聞き取り等には皆同名が出てこない、県内縁者でそれぞれ近回りに住んでいる者は皆同類であるが、ここは違うらしい。津山西ハ出に家が60軒あっても回りまわってほぼ皆が縁者である、（縁者と考えていない者は居る）ここの高原家や総社井尻野の佐野家が士族没落だったとしても縁は見られない、高原家には魚の行商やばくろうもあったようだが、魚の行商はともかく、ばくろうは県下に類を見ない、津山西ハ出は南隣の地区が江戸時代から食肉関係の主業だったので、畜産業をした者は少しはあったようだ。サンカ族について明治維新に江戸時代の下層民が流入したような論をたてる学者もあるようだが、私達とは関係がなく回りを見ても同類以外は見当たらない。江戸時代以前から数件～数十件以上で暮らしていた下層民の者らが維新期に移り住む必要はないと思われる。佐伯小原の高原家と吉井稲蒔の高原家は縁があると考えていたが全くの無縁だった。

大口家が武士時代の氏を受け継いでいることに関し、母方沖家も同様だった可能性がある、沖は地名でもない地形的なものでも言い伝えにもない、明治7年の藩士名簿に沖姓は無いが江戸末期には1名の者が見えた、名は沖〇〇で梅吉ではなかった、(岡山市立中央図書館蔵) 追放後は沖梅吉となる、大口家と沖家の共通点は始祖からの角柱墓である、これに対し、土手貞吉系や福渡品田鷲尾家は明治年代だろう、無名の石がいくつかある。母の姉御津建部の洲崎家も無名の石は無かったように記憶している、勝間田小矢田の旧川西家の墓は良い墓にしてあるときいた。津山西八出の現在の移転後の墓地には数多くの墓石があるが無名の石はみられなかった、移転時に作り直したのだろうか?

英田青野にも土手家はあった、本家のお婆さんは2020年頃100歳だったが元々青野だったという、先祖は何をしていたかわからんという、この家 (私の祖父の兄彦蔵) に子が無かったらしくとり子とり嫁で青野生まれのこの嫁と吉井草生の婿を後継ぎにした、英田青野に墓は3柱あり本家の主人は家も無く当分経つので3柱は持ち帰ったという、大正前後に数十年間程度家があったのだろう。

飯岡村高下の土手家の長男は県南の大賀家へ養子に入ったという、次男は高下に居った眉毛の太いのぶいちだった、三男は佐伯塩田へ1軒移った恭一だった、のぶいちの子は8人いたが、高下に2人残り他は県南部などに移った、8人の内の一人が土手護（守は誤り）で集団就職で尼崎に出た後戻り県南部のバス会社に9年務めた後高梁に移り漁師をしていた、子3人孫6人おり70歳を超え漁師は辞めたという連絡は1～2年前に受けた。この者等のおじさんに当たる人が佐伯小原にいたという、大口姓又は土手姓である、過去土手家が佐伯小原にも1軒あった。（中卒の集団就職は昭和40年ころまであった、私等44年卒には無かった）

母親は私が中学生の頃から岡山県内東西南北について日々話をしてくれた、内容は各地相手との電話連絡や近所での話だった、旭川水系は久世落合から建部御津まで、吉井川水系は英田町・飯岡村・吉井・佐伯・和気あたりまで、東は上郡、津山の話もまれに出た、西は高梁だけだった、話に出ないのは福渡品田・新見・備中・勝間田だった、この中で高梁について、私のおばにあたる燐家の者は飯岡村王子から高梁横町に嫁いでいた、昭和２０年代のことだろう、王子ではこの人の姉妹に燐県の加東市か稲美あたりの者が婿入りしていた、ところがこの嫁が早く亡くなり、その代替えとしてこのおばを離婚させ高梁から連れ戻したのである。高梁では海原お浜小浜の子守りをしていたという、少し昔の話かもしれない。それより前に王子に住んでいた土手京一は高梁に移っていた、京一は土手貞吉系だが、護はのぶいち・恭一の始祖系だった、高梁の縁者は河原姓があった。私よりやや若い高梁市街生まれの人に聞くと海原お浜小浜のことなど聞いたことは無いという、家は市街の南端で江戸時代には家が無かった所のようだ、小学生の頃関西へ移ったらしい、別れさせられた主人は芸人になりたいと言っていたと聞いたが、これはお浜小浜をさしていたことだったかもしれない。漫才師２名につき本名はごまかしているらしいが、河原を変え芸名海原にした可能性はある。国・県は自ら追放した家来士族を解放同盟　全解連と共に江戸の下層民同様に扱うという無茶苦茶なことをしてきており（津山・高梁）その名残により河原姓を隠したのかもしれない。先祖の言い伝えについて　御津建部あたりは　「士族だった　ひにんだった　部落ではない」　これは久世落合から御津まで同じと考えられる、ただ久世落合に士族の言い伝えは無い。大口家は郡奉行助七郎とのつながりより士族だったであろう、大口家は吉井川中南部は皆縁者である、津山西八出なども紐を手繰れば皆と言ってもよいほどつながりがある、よってすべて士族だったということは可能だろう。　聞き取りの「あそこらは俸禄をもろうた後に」という「あそこ」とは福本小原土手家4系統位のことである、英田福本・飯岡村の土手家と吉井　佐伯　和気あたりの縁者も同類であったことは誰が見ても一目瞭然である。

津山西八出の南隣に江戸時代から住む食堂経営の松本さんが「あそこらは侍の」という「あそこら」とは西八出全体をさしている。西八出は昭和10年に55軒とある、軒数は多いが同類以外は考えられない。

音吉という名について　大口家の場合は始祖新次郎の子にあてはまるが、これは○○郎の名を音吉にを変えた可能性が高い、事を起こした本人だろう、大口家は位・禄高が高かったらしく特別に武士時代の姓を引き継いでいるようだ。県下各地の始祖あたりに音吉の名が3～5名みられる、

同和対策法（地対財特法など）は昭和44年より2002年までだった。

母「悪い悪いといわれてきた　私らを悪ういうもんは元が侍じゃいうことを知らんもんじゃ」　6ちゃん～三つ子まであるようだ

朝野家以前の聞き取りにて　私が「ここは身内一軒だけじゃろう」と聞くと　「そうじゃ」との返答（勝間田小矢田から戦後東隣の美作町の家並みに移った）
津山西八出瀧本H男家以前の聞き取りにて　「江与味の辺へおった」江与味村南端の村界に1軒あった（現吉備中央町側）
津山　柳土手ひにんとは　柳土手とは旧町名であり津山駅の西1kmの川の北側の一角だった、江戸時代ここに彼らの住居または小屋があった。　柳家　土手家とは関係は無い。
津山西八出以前の聞き取り　榎本本家女性　1970年頃らしい当地に津山市北部より嫁いだ「あそこらは嫁にいかんほうがええ」・・・被差別実態が山の上にありこちら北側には無い考え方
西八出　以前の聞き取り　川瀬家女性83歳「家柄　向こうとこっちは大違い」

津山西八出　旧日下家　坂藤家は　解放運動をしていた、被差別実態によるものと思われる、　運動は南隣の村の者に引きずりこまれていたのである。旧日下家の女性は自分は江戸時代の山の上の者と同じ身分が低かったように言う、江戸時代西八出には家は無かったはずである。

岡山藩の俸禄は明治５年の金禄にあたるようだ。

作陽学園は玉島に移転したが前身の縫製学校は八出河原にあった。

明治元年　岡山藩の士族家族員数２７００　卒族３０００　（士と徒らしい）

もじ漁　川幅いっぱいに鉄くいを打ち　溜まった落ちアユをとる

高梁川に以前１７か所あったという　横町の河原姓の縁者も漁場を持っていたという。　吉井川では稲蒔や草生など　旭川では御津建部あたりに残存または現存する。

津山〜津川原事件明六一揆の少し前に中津井騒動というものがあり、
場所は落合と高梁の中程だった。

昭和20年頃のことだろう久世生まれで県南のクラレで働いていた汀M男の娘は御津中牧十谷の母の実家に疎開していた、当時母は津島あたりの縫製専門学校に、汀家の娘は山陽高等女学校に通っていた、15歳くらいだっただろう、
江見の縁者は細尾家・江見市街の新免家などあった、新免家は宮本武蔵とつながりがあった、
岡山県中学校教諭藤田先生の返信内容に関し、河川砂利採取は昭和40年代前後に行われていた、吉井川水系で言うと英田福本小原、王子、周匝上、稲蒔、塩田、佐伯矢田で行われていた、福本では私と中学同級生だった者の親でもあった土手豊がホイールローダを操り川砂利を砂利トラに積み込む作業をしていた、地元王子の河原では津山産業と書かれた緑色のボンネットトラックが往来してい

た、2～3人が働いていたが地元のものは居なかったようだ。稲蒔又は塩田の砂利取りは地元高下の人が経営していたという、父の妹の主人村家T男は塩田の上に江戸時代から住んでいたが、この人の父が河原の小屋で雷に打たれて亡くなったと聞いていた、砂利採取の小屋だったようだ、稲蒔の土手家・川原家の者も働いていたのかもしれない、村家T男は私の父の妹と結婚する前から私等の家柄も知っていた、「流罪のひにん」らしい程度にだろう、部落とは考えていない。神戸長田に部落が多いというのは中国道を大阪に向かっていたおりこの人に教えてもらった。ちなみにここ吉井稲蒔は過去筆軸(竹)の生産で有名であり河原の土手あたり多量に並べてあった、私等の生業とは関係ない。

津山西八出について　福山・池上姓2軒が明治年代に川瀬姓に変わっていることについて、やはり江戸時代からの姓でなく、嫁とり婿取りにより2姓が消滅したと考えるべきだろう、建部では細川・きしもと姓がその理由により消滅しているようだ。津山の河瀬家は建部に嫁ぐなどの後家系は絶えている。

父の出征前（又は帰還後）の写真5名が写る一枚について、裏面への記載・・・岡山市中之町ライオン写真館　22-7-15 入戦　22-9-3 現場配置　南部散轉組　黒住完一　竹之内実　土手広司　高田毅　山本保　5名の内2名は駅長がもつような帽子を被る。昭和23年3月19日撮影とある？　22年は42年の誤記だろう。内地よりラバウルまで数か月かかったのかもしれない、少し前の電話帳によると本人確認はできないものの、黒住姓1名と父を除き3名の氏名を県南部に見ることができる。

三重県　津市で小型船関係の仕事をされている方に聞く　三重県で川漁をしている者は桑名（木曽川河口）と宮川（伊勢市）の河口にかたまっているといい、今では海漁もしているという、河川の中上流域で川漁をしている者のことなど聞いたことも無いという。桑名は家屋軒数が多いと推測されるが、川漁をしているもの、露天商をしている者等、江戸時代からの下層民である。宮川河口も同様だろう。細渕家は宮川の中上流である、この人が始祖から続く川漁師の3代目だとすれば士族没落の可能性はある。

昭和10年全国部落調査に岡山県内同類約25箇所の内約10か所掲載される、掲載されている地区は西から新見唐松3軒、高梁原横町22軒、落合市街地1か所少数軒、落合鹿田平1～2か所らしい3～6軒、北房落合栗原1軒　御津高津（宇甘東箕ノ地）6軒　竹枝村吉田4軒　御津中牧十谷3軒　津山西八出

55軒　（勝間田小矢田2軒、和気益原岩戸3軒：この2か所は掲載されている場合といない場合があるらしい）、集落数十軒の中に1～2軒混じっている場合及び村外れの1軒だけは掲載されていない場合が多い・・・新見金谷あたり　備中布施　久世？　現旭川湖西側2か所　福渡品田　建部中田（以上高梁川・旭川）　掲載されていない地域一帯（住居地形態は各種）：英田青野1軒　英田福本小原1軒　飯岡村王子4～5軒　飯岡村高下1～2軒　吉井草生2～3軒　吉井稲蒔4～5軒位　佐伯塩田1軒　佐伯小原（父井原）大口家3～4軒　高原家は同類かどうか不明と化したが同類の場合なら加えて3～4軒　和気田原2軒・・・県東南部一帯は基本的に掲載されていない。行政は黙秘をとる立場上吉井川水系の非掲載についてあえて意見を加えなかった可能性もある。

全国部落調査は大正年代の内務省調査、その後の各県特高警察の調査・本誌と続いているようだが内容は同じとする向きが強い、全国の数は5400弱である。この5400という数は江戸時代の部落だけでなく調査当時の現状細民・零細民が掲載されているのである、江戸時代の部落数は1970年頃の種々調査（4000弱、4500、6000等）からみて4500程度らしい、東京都及び九州北西部また東北では計上されていない場合もある、東北では県に1か所程度の場合もある。5400の数に江戸の部落以外が掲載されていることは多くの研究者も知っていた。掲載の主業に関し御津あたりの2～3か所に淡水漁業と記載されるが、他はすべて農業と記載されている、津山西八出について全解連の紀要によると西八出が川漁をしていることは広く知られているとある、当時県下各地では全箇所といってもよいほど川漁は行われていた。また姫路砥堀に3軒の淡水漁業との記載がある、これは播磨の士族没落の可能性は高い、全解連の岡映（江見生まれ）は関係文書においてこのあたりに18か所あったものが16か所しか無い、2か所はどこへいったかわからぬとある、勝英地方かもしれない、明治に土手家は福本小原の土手あたりに居たがその後移転した、勝間田小矢田の川西家はすぐ東の集落に移った、この2か所のことらしい、解放同盟・全解連・行政は私等をサンカとしてすべて江戸の下層民以下と考えていたのである、行政は自ら追放した家来に対してであった、士族をサンカに見立てるという異常な考えを全国的に推し進めてきたのである。一般に部落といわれるものは300年以上も続いているものので急になくなるものではない、高梁横町について、22軒とあるが同類が22軒なのか、同類と江戸の下層民が混住していたのかは不明である

昭和10年の全国部落調査に岡山県内約220箇所が掲載されるがこの内約10箇所が士族没落だった、平成30年頃にそれまでの同和対策法後の方向について政府関係の機関が文書をまとめているが、この中に政治家の言葉として「部落というものはわかりきっ

ているではないか」との一句があるが、それが江戸時代の部落で無い所が含まれていたのである。それも江戸時代の武士である。全国の研究者は産・官・学による封じ込めにより、士族追放を調査する者はいなかった。岡山県南部の学のある者・追放側の立場にあった者らはサンカ族を広範すべく戦前よりはやし立てていた。西八出住民の支離滅裂性について、多くの者は江戸時代の部落で無いことは知っていたが、同和問題本来の目的が理解できず周りの言いなりになってきた。榎本本家の女性は1965年頃だろう津山市北部から西八出に嫁ぐ際、山の上と下の違いにより被差別部落で無いという考えにより嫁入りしている、片や被差別実態により解放運動までしていた者もある。またなぜ私等の内西八出（高梁）だけ同和地区になっとるんだろうと言う者さえいなかった、「なぜ」と考えていた者はいたようだ。関係する本琳寺の住職によると、ひにん、ひにん部落、新兵という、ひにん、ひにん部落と言われるのは仕方が無い所はあるだろうが厳密には解放令の後である、新平というのは誤りである。

私等を一言で言うと「解放令後の明治7年頃に岡山藩（県）が家来に「ひにん」を命じ川流しとして追放したもの」である、多人数・大規模と言えるだろう。家来は自らをひにんと考え、また多くの者は部落では無いと考えていた。記録など全く無いので、好き勝手に判断されてきたのである。どうも岡山県だけでなく全国であったようだ。

私の曽祖父美代蔵は渡し舟をしていたが、嫁は明治20年頃に福本あたりから東北25km土居片伏の村井家に嫁ぎ後に戻ったものだった、数年は向こうに居たようだが、こちらに戻り明治30年頃生まれの私の祖父ら3人の子があった。大正の初め46歳で亡くなるまで、村井姓のままだった。ええとこの士と悪いところの士が夫婦だったらしい。

政府　岡山県　津山市は江戸時代の武士を同和地区に指定していた、士族没落県内２５箇所程度の内　津山西八出（高梁）だけを解放同盟・全解連と共謀しえせ同和地区に指定していたのである、政府・県は解放令後の明治７年頃に自ら追放した家来を起源不明に封じ込め江戸時代の下層民と同様に考えてきたのである、昭和１０年の全国調査に１０箇所程度掲載されることについても県は成り行き任せで助言のようなものは与えていないらしい、県東南部一帯が非掲載であることは解放同盟は知っていたはずである。

過去の書籍の文末に西八出について「あそこらはサンカ族だろう」と記したものが１～２見られた。

武士起源に関するＰＣ-ＨＰでのコメント応返信
（こちらからコメントを送ったのは２０２０年７月です、返信は当日あったようですが、こちらが返信に気付いたのは２年後の改題加筆版印刷中の２０２２年６月でその時に以下を加えた）
中学校社会科教員　藤田孝志先生の開設ページ「岡山の捕亡史（１）存在を問い続けて」に二年前コメントを送っていましたが返信に気付いたのは最近で、巻末に愛媛・徳島の件について２行加え、以下複写を張り付け文としました。
このの記事へのコメント
先祖は岡山藩あたりの没落武士です・・・中略（こちらの紹介）・・
皆さん知っておられましたか？　（捕亡史は関係ない）
posted by 沖律子（親名） at 2020-7/16　16：39

コメントありがとうございます、

ご指摘の内容、史料から読んだことがありますし、実際に旭川や吉井川などの下流地域の集落、津山の河川沿いの集落などの実態調査（聞き取り等）で確認したことがあります。

また、小舟を使った運搬業、昭和に入ってからの川底の砂利採掘などに従事していた人々の祖先（出自）に武士を聞いたこともあります。岡山だけの史実とのことですが、私見ですが、愛媛県や徳島県で同様の史実を知っています。明治期の士族(下級武士だけなく)の多くが没落していった史実には興味があります。いつか調べてみたいとも思っています。明治の民衆史はまだまだ未解明の分野だと思っています。Posted by 藤田孝志 at 2020-7/16　23：27

雑感・魚・動物

明治の初めに河原に住み着いた者が岡山県中に居たことは多くの人が知っていたはずである、大事件ともいえる現象が歴史に残っていないこと自体異常といわざるをえない、事実を隠してきた藩や県はあだ討ち同等の返りがあってしかりである、これを現代風の人権問題と考えれば途方もない代償が支払われるべきでものである。

私は1954年生まれですが、先祖に守られ揺り動かされて生きてきたように思う、生家で60年近く何匹も何匹も飼ってきた放し飼いの猫にも守られてきた気がする、中学生の時黄色スズメバチ7尾に頭頂部を食いつかれ、高校の時くちゃめ（マムシ）に足首を食いつかれ、月夜茸では嘔吐した、河口の手長えび捕りで転び右手を牡蠣についてかなりの出血でだいぶ縫った、山で月の輪熊に2度あったが数十mは離れていた、レジャーボートの夜間飲酒運転では運良く暗礁を外れていた、次男と飲んだ帰り深さ1m位の溝に仰向けに落ちたが無事で水は無かった、その時擦り傷は深くなかったが完治するのに数ヶ月はかかった、若いころ軽自動車で田んぼに少々落ちたときもＲＲの車で軟着陸しただけだった、マムシに食いつかれていなかったら、次日予定していた友人との四国へのバイクツーリングで葬式になっていたかもしれない。

　私は倉敷玉島に３０年近く住み、妻方の元々の本家が玉島港の入り口あたりで、そこの主人の実兄がやや西の海水浴場あたりの前々代位の漁協のＮ組合長だった、レジャ-ボートを組合員価格で揚げてもらい船底掃除をしたこともある、このあたりは夫婦乗り組みの底引き網漁や海苔の養殖、赤貝の養殖等である、実の祖父が川漁師であったことや、自分自身も時々漁はしていたようなことから、６０歳定年退職後は高梁川河口で小型船外機船の小規模刺し網漁を当初は隔日くらいから約５年間は続けた、教科指導補助ボランティアとの兼ね合いで徐々に回数は少なくなるものの玉島魚市場にママカリ鱸、黒鯛、鮎等を持ち込んだ、この市場には近縁となる中年の軽トラ行商のせり人も2人いた、車もあるが県東部と倉敷を原付や電車で往復しながら、暖期はずっと漁をし自給や猫の餌にもしていた、生家あたりの中学校へ教科指導補助ボランティアに出るようになり、またコロナウイルスの影響で漁は数年を経て止めざるをえないようになった。

先祖は武士の後、魚に関わる生業であったが、私も生家あたりの川では中高生のころまで趣味で捕っていた、魚や動物との関わりについて種類をいくつかあげてみた。

ママカリ　岡山では有名な魚である、近年は東南アジアから輸入されたものが多いようだ、１０節の刺し網だと大きめのものが捕れる、秋の好期だと網にママカリが鈴なりになることもよくあった、３０ｍ程度の短網でも一晩に２０ｋｇ~３０ｋｇ捕れることもあった　常に網をしごいて泥を落とし魚が掛かると直ぐ取り込んだ

サツキマス　4月前後の頃だろう、汽水から遡ったあたりの淡水域で釣っている人は2月頃から食うといっていた、40cm前後の大きさであるが寄島の定置網に55cmが入ったというのは聞いた

あゆ　高梁川河口では洪水で海に流れたものが河口に溜まるので多くの人がこれを狙う、昨年だったか二十数kgは一晩にとれた、黒崎や寄島の定置網にも鮎はかかる。

あゆもどき　苗代で田植えに使う苗を抜き取っている時など、用水路から入ってきた、1970年ころに捕ったのが最後くらいだろうか、稲作にパラチオンという有機リン系農薬を使い、危険なため赤旗を掲げていた。総社ではアユ友釣り仕掛けで捕っていた

カジカ　県中東部河川の支流にいた、大きいものでも15cm程度だったと思う、鱗はなくつるつるだった。これもアユモドキと同じころから農薬の影響だろう、いなくなったと思われる。

白ハエ　先々代まで漁で捕っていた、甘露煮やお茶を入れて煮たと

いうのを聞いたこともある、日常的に餌としているのは鮎と同じコケである、薬効がある。高梁川河口には２０ｃｍのものもいた。

黒鯛　夏が旬で６月頃から身が黄色がかってくるようになる頃から、うまくなるという、河口のちぬは臭みがある、ちぬは真冬でも活動し、藻の中の虫を食うためか腹いっぱいに藻を食っている。

スズキ　大きいもので８０ｃｍ程度のものは時々とれた、洪水で鮎が河口より数ｋｍ以上南下すると、淡水に戻るものを追いかけて沖のスズキが河口まで追ってくる、

鮒　ふなの入れ食い　３０分の間に１０ｃｍ程度のものを３０尾は釣った、寒鮒はうまい。

ニジマス　氷ノ山や北陸で自然繁殖しているものを調査していた。

うなぎ　投げ糸は夕方漬け朝あげる、洪水の時が狙い目である、捕れたら家で料理し食べた、洪水で濁りが強い時は昼間でもつれた、６月ころ用水路を溯る２５ｃｍ大のものはもじで何尾も捕ったこと

はある、これは1年子の冬眠明けだろう。河口でＩmちょうどのものを2本捕ったことがある。
サクラマス　鳥取千代川で鮎の投網をすることがあった、よい年は1投で鮎25ｃｍ級が数匹入ることもあった、用ヶ瀬あたりで45Ｃｍくらいのマスに逃げられた。
コノシロ　餌はプランクトンとはいうものの土を食っているようなものである、ボラと同じように腹の中に臼のようなヘソがある、身は甘味が強い、山口の居酒屋でアジのたたき750円、コノシロのたたき450円だった。大群の群れになることもある
とびうお　玉島柏島港に遊漁船が数隻おり、平日は魚屋や自動車整備、会社員であるが土日に客を乗せ船頭となり漁に出る、少し前からトビウオを見るといっていた。
コバンザメ　一度40ｃｍ程度が掛かったことがある。
ソトイワシ　この魚らしい、20ｃｍ程度の幼魚は何匹か捕れた。

マイワシ　２０～３０年前に群れが来たのは知っている。
ボラ　飼い猫は好んで食べた。寒ボラでも油の乗っているものがうまい、個体によって味が違う、餌は土同様で臼のようなヘソがある
ヒラ　河口あたりにも４０ｃｍ～４５ｃｍのものはいる。
タイラギ貝　２００５年頃、河口で一枚引き抜いたことはある、ビニール袋が砂に埋まっているかと引き抜いたら貝だった、２０ｃｍ～２５ｃｍ位の大きいものだった。貝柱は食べた。
片口イワシ　多く生息し、魚食魚の餌である、愛媛あたりではホウタレと言い鮮度のよいものは寿司屋にもあるが、岡山では売れない
シラウオ　６～７ｃｍで少なくなってきた。
シロウオ　年によって多い年もある。
トビハゼ　笠岡では見られるが、高梁川にはほとんどいない。
乙島じゃこ　シャコに似たもので料理して温かい内に食べればよい
スナメリ　２０年位前に大きめの１匹が汽水に入り込んでいた、塩

は吹いていた、魚を餌にするため迷惑だとそこらに住んでいる者が撃って殺したと聞いた。

黒めばる　春、播磨灘家島群島の東の暗礁に船を付けイカナゴを底撒きにする、餌は船頭が双眼鏡でイカナゴ魚船を見つけ買い付けた。播磨地方では、えび撒き釣りが盛んだった

ニホンリス　２０２０、十一月十六日　昼過ぎ　場所は県中東部生家から直線距離で北北西に数キロである、全身が濃い目の灰色と言うか鉛色というか、全長２５ｃｍから３０ｃｍ近くあり大きかった、電動原付で山中の上り坂をゆっくり走っていたとき５ｍほど先を横切り少しの間は見ていた、中高生のころは秋の松茸狩り、冬間の小鳥捕り(木の曲がりを利用した罠)、メジロの呼び寄せ等で、その後も中国山地での釣り、大山・黒部登山等山にはよく入ったが、リスは６６歳で初めて見た、人に聞くとここらでも稀に見られるという

川鵜　川鵜やミサゴは数十年前は県中北部にはいなかった、そ

れ以前のことはわからないがこれらが増えていることは、河川水がきれいな証拠である、有毒性の高い農薬は減り、合成洗剤の河川への垂れ流しは減少している。最近瀬戸内海がきれい過ぎるため、下水処理の度合いを下げるようなことが言われているが、合成洗剤の毒性が考慮されていないようである。多くの人は河川水をのんでいる。

すごもろこ数年前まで生きていた尾が直角に曲がった虎シロのオス猫は小魚数尾の中から、匂いを嗅ぎわけ選んで食べた。この虎シロの息子の虎色の虎はあごの下に5ｍｍ位のフジツボに似たあごひげがあった、仙人の血を引いていたのかも知れない。

後記　言い伝えと一元同時説には開きがあるが、追放されたが故により事実がわからないのは当然であろう、事実は消されていると考えるべきである、岡山藩だけの驚異ともいえる刑罰制裁らしき現象は一揆が関係していると考える。母はある時家柄が悪いような事を又聞きし、うちはそねんもんじゃねえ、侍の六ちゃんなんじゃやと言っていました。筆者に文筆の経験は乏しく粗文・駄文になりましたが、調査報告書の短編として捉えていただければと思います。また新型コロナウイルスの影響により、岡大附属図書館現地での調べはできなかった。

注釈　文中の語句で岡山藩は岡山県に、また城主は時の国・県の行政に読み替えてください。なお末代城主池田章政は明治2年の版籍奉還後東京へ高飛びし、我ら家来を蹴散らし踏み台として勲章も得ております、岡山県人は人間ができたない・ここにも表れている。県知事は明治七年まで長州　八年は薩摩出身の者だった著者略歴　1954年　勝田郡飯岡村生まれ、地元農業高校卒業後2～3の企業等を経て国鉄職員（電気職）となる在職中に工業系の夜間短大を卒業し、中学校教諭となる。県南部・県北部・県西部に勤務、60歳定年退職後は高梁川河口にて小規模刺し網漁に就く、62歳より美咲町立柵原中学校に教科指導補助ボランティア（数学）として参加、六九歳の今日に至る。（二〇二三‐十二時点）

岡山藩没落士族 II

発 行 日 2020年12月 初版第1刷発行
2022年 6月 改題加筆版発行
2023年12月25日 詳細最終版 本誌発行
著 者 沖秀二
発 売 元 株式会社 星雲社（共同出版社・流通責任出版社）
〒112-0005
東京都文京区水道 1-3-30
TEL03-3868-3275 FAX03-3868-6588
発 行 所 銀河書籍
〒590-0965
大阪府堺市堺区南旅篭町東 4-1-1
TEL 072-350-3866 FAX 072-350-3083
印 刷 所 有限会社ニシダ印刷製本

ISBN978-4-434-33238-8 C0021